나는 지방대 시간강사다

나는 지방대 시간강사다

김민섭 지음

정미소

개정판을 내며

2015년 겨울, 이 책을 쓰고 대학에서 나왔습니다. 개정판을 내는 지금이 2024년이니 10년이 거진 지난 셈입니다. 그때는 '309동 1201호'라는 가명을 썼습니다. 그러나 이제는 김민섭이라는 이름을 찾아, 제가 운영하는 저의 출판사에서, 제가 사랑하고 신뢰하는 사람들과 함께 다시 책을 펴냅니다.

그동안 여러 권의 책을 냈습니다. 그러나 사람들이 '지방시'라고도 부르는 이 책은 가장 특별합니다. 《대리사회》라든가 《훈의 시대》와 같은 저의 책들은 다시 써 보라고 하면 그럭저럭 비슷하게 써낼 수 있을 듯합니다. 그러나 이 책은 그럴 수 없습니다. 개정판을 내고자 하면서도 더하고 뺄 만한 내용을 거의 찾지 못했습니다. 부족함이 없었다기보다는 지금의 제가 손댈 수 있는 부분이 없었습니다. 그때의 저는 스스로를 무어라 규정하기 어려웠습니다. 누구에게나 그러한 한 시절이 찾아오는 듯합니다. 자신을 향한 물음표에 도저히 답할 수 없는, 그러한 마음과 상황을 기록해 나갔던 건 참 잘한 일이었습니다. 왜 그랬는지는 모르지만 논문을 쓰기에도 바빴던 그때 굳이 시간을 내어 내가 왜 공부를 시작했고 왜 계속하고 있는지에 대해 쓰기 시작했습니다. 그리고, 그 시절에만 쓸 수 있을 글을 결국 써 냈습니다. 그때의 저에게 참 고맙습니다. 찾아온 물음표를 외면하지 않아서, 그리고 거기에 답하며 꾸준히 글을 써 나가서.

저에게 대학에서의 시간이 아깝지 않은가 묻는 사람들이 여전히 있습니다. 한동안은 저도 그런 마음이었습니다. 대학에서 학부생, 대학원생, 수료생, 시간강사, 연구원 등으로 이어지는 10년이 넘는 세월에 더해, 숨쉬는 비용과 기회비용만으로도 아마도 몇 억이 들었을 것입니다. 그러나 괜찮습니다. 그러한 시간과 비용을 들여 지금의 내가 될 수 있었으니까, 그건 필연이었다고 해도 좋겠습니다. 올바른 방향을 찾아 나아가기 시작한 사람의 몸은 웬만해서는 다시 역행하지 않습니다. 저는 이제 돌이킬 수 없을, 앞으로를 살아갈 삶의 태도를 얻었습니다. 좋은 태도를 가지고 좋은 사람으로 살아가고

자 한다면, 나는 반드시 어제보다 더욱 행복해질 것이라는.

 정교수가 되지 못하면 나의 세상이 끝날 것이라 믿던 때는 매일 조금씩 불행해졌습니다. 왜 그랬느냐면, 그건 나의 욕망이 아니었기 때문입니다. 내가 먼저 잘되어야 하고 그러니까 남은 안 되어야 한다. 그 욕망을 나의 것이라고 믿고 대신 수행해 나갔습니다. 그러나 지금은 누군가의 잘됨을 바라는 마음이 나의 욕망임을 알았습니다. 그 실체와 마주하고 조금씩 가까워지는 삶은 실로 행복합니다. 나와 타인을 위한 다정한 선택을 하는 나로서 어디에서든 잘 살아가고 싶습니다.

 대학 바깥에서 나의 이야기를 만들어 나가는 지금의 앎과 삶은 행복합니다. 계속 글을 쓰며 (작가로서) 살아가고자 합니다. 그에 더해, 책을 만들며 (정미소 출판사의 대표로서), 책을 팔며 (서점 당신의 강릉의 운영자로서), 이 책에서 다짐했던 육체 노동을 하며 (대리운전 기사이자 탁송 기사로서) 살아갈 것입니다. 이러한 이야기들이 비영리법인 '당신이 잘되면 좋겠습니다'로 모이고 당신의 다정함과 연결되어 함께 확산될 수 있으면 좋겠습니다.

 얼마 전 '유퀴즈 온더 블럭'이라는 TV프로그램에 출연했습니다(2022년 5월, 153회). 진행자인 유재석 씨가 물었습니다. "시공간을 넘어 누군가에게 손을 내밀어 한 마디 말을 건

넬 수 있다면 누구에게 뭐라고 하겠습니까."라고. 저는 답했습니다. "대학원생 시절의 저에게 손을 내밀어, 충분히 잘하고 있다고 그의 등을 두드려 주고 싶어요." 하고. 이 책을 다시 읽을 당신에게도 역시 같은 말을 건네고 싶습니다. 자신의 자리에서 여전히 분투하고 있을 당신도 정말 잘해왔고 잘하고 있고, 결국 그렇게 만들어진 스스로의 태도로 인해 끝내 행복해질 것이라고.

❖ 《나는 지방대 시간강사다》를 시작으로 저작권 계약이 종료되는 저의 책들을 정미소 출판사에서 계속 개정해 나가려 합니다. 그 일을 함께할 제가 가장 신뢰하는 편집자 유나님과 디자이너 리영님에게 깊은 감사를 전합니다.

차례

개정판을 내며 • 4

프롤로그_ 안녕, 나의 모든 것 • 14

1부 지방시 첫 번째 이야기, 대학원생의 시간

1 "스물여섯의 나는 그렇게 이 삶을 시작했다" • 27
　제도권 삶의 시작

2 "이것이 대학원의 전통이라며 불편한 표정을 지었다" • 32
　대학원 입학과 조교 생활

3 "숨 쉬는 비용을 제외하고도 삼백만 원이 비었다" • 38
　등록금과 장학금

4 "그냥 연구소 잡일 돕는 아이입니다" • 41
　연구소 조교 생활

5 "지식을 만드는 공간이 햄버거를 만드는 공간보다
　사람을 위하지 못한다면" • 49
　과정생의 노동과 처우

◆　대학 시간강사 K께 • 57

6 "여기서 혼자 할 일 없는 놈" • 64
　내 부모의 보호자가 되지 못하는 현실

7   "너 그러다 늙겠구나" • 70
    그리고……

8   "야 그만 좀 얻어먹어 인마" • 73
    외로움에 대한 이야기… 친구들

9   "나는 반사회적인 인간이다" • 80
    외로움에 대한 이야기… 시간강사와 사회인

10   "아직도 하고 있냐" • 87
    꿈과 현실에 대한 이야기… 친구 허벌에게

11   "발표가 이제는 좀 들을 만하네, 좋아요" • 97
    그렇게 대학원생이 되었다

12   "한번 해보겠습니다" • 104
    학위논문 주제를 선정하다

13   "자네, 혹시 삼계탕 좋아하나" • 108
    학위논문 자료를 수배하다

14   "걔들도 힘들었대, 하고 적혀 있었다" • 118
    학위논문을 쓰다

15   "그래도 자네 살 만했지?" • 128
    연구원 등록이라는 '희망 고문'

16   "결국 나도 비겁한 인간인 것이다" • 136
    내가 만난 학부생 조교들

17   "미안해 꾸마우더리" • 144
    학자금 대출

18   "내 몸에 그저 미안하다" • 150
    수료, 그리고 대학원생의 몸

◆   어느 날의 일기: 노동한다는 것의 의미 • 155

2부 지방시 두 번째 이야기, 시간강사의 시간

1 "연구만 하고 강의는 안 할 수 없을까" • 163
  강의 수임을 거절하다

2 "네, 할게요, 고맙습니다" • 170
  30인의 지도 교수를 만나다

3 "여러분은 저보다 더욱 좋은 선생님입니다" • 180
  학생들에게 배운 인문학

◆ "You are very hard teacher"
  ― 강의실에서의 내 첫 번째 지도 교수에게 • 188

4 "당신은 나를 볼 수 있지만 그렇게 하지 않았다" • 196
  강단에서의 시야

5 "조별 과제에 불만이 많던 학생은
  강사가 되어 강단에 섰다" • 203
  평범한 집단 지성의 인문학

6 "나는 학생들이 언제나 옳다고 생각하지 않아요" • 213
  강의실에 언제나 옳은 존재는 없다

7 "내일 뵈어요" • 222
　　우리 주변의 인문학

8 "교수님, 일베 하세요?" • 228
　　강의실 안에서의 '정치적인 것'

9 "교수님 논문도 검색해주세요" • 235
　　강의와 연구 사이의 균형 찾기

10 "지뭉미 그게 뭐야" • 243
　　'신종족'과 소통하는 '젊은 교수님'

11 "여러분 마음속으로 제게 에프를 주세요" • 252
　　학생들 앞에 부끄럼이 없도록, 진심 어린 사과하기

12 "아메리카노 나오셨습니다" • 260
　　맥도날드에서 배운 인문학

13 "교수님은 무척 행복해 보이세요" • 266
　　나의 구원자, 학생들

14 "후회하지 않으시나요?" • 277
　　'헬조선'에서 꿈꾼다는 것

에필로그_ 그 어디에도 지방시는 있다 • 286

    나는 서른셋, 지방대학교 시간강사다. 출신 대학교에서 일주일에 4학점의 인문학 강의를 한다. 내가 강의하는 학교의 강사료는 시간당 5만 원이다. 그러면 일주일에 20만 원, 한 달에 80만 원을 번다. 세금을 떼면 한 달에 70만 원 정도가 통장에 들어오는데, 그나마도 방학엔 강의가 없다. 그러면 70만 원 곱하기 여덟 달, 560만 원이 내 연봉이다. 박사 수료 때까지 꼬박 받은 학자금 대출에서 한 달에 20만 원 정도를 떼어 가고, 이런저런 대출금 상환과 공과금을 더하면 내가 쓸 수 있는 돈은 한 달에 10만 원이 고작이다. 이걸로 남은 모든 것을 해결해야 한다. 신용 등급 같은 건 없다고 생각한 지 오래다. 전화가 오면 앞자리가 '02-1588'로 시작하는지 확인한 후 전화기를 돌려놓는다. 밀린 카드 대금을 독촉하는 전화일 것이다. 이런 생활이 몇 년째고, 언제까지 이어질지도 모르겠다. 그래도 학생들에겐 허울 좋은 젊은 교수님이다.

    그들은 내가 88만 원 세대보다 더 힘들게 삶을 살아가고 있다는 걸 알까.

프롤로그

안녕, 나의 모든 것

어느 추운 겨울날, 학회 뒷정리를 마치고 집에 돌아오다가 문득 정이현의 소설 《안녕 내 모든 것》이 떠올라, 펑펑 울었다. 읽은 지 오래 되어 주인공의 이름이 세희인지 세미인지도 어렴풋한 그 책의 짧은 제목이 너무나 아프게 가슴을 헤집었다. '교수, 연구자'라는 얄량하고 모호한 이 한 단어의 인간이 되기 위해 무엇과 작별하며 살아왔는가, 생각하니 비로소 한없이 부끄러웠다. 만약 시간을 되돌린다면, 안녕 나의 모든 것, 하고 용서를 빌며 너의 손을 잡을 것이고 안녕히 나의 모든 것, 하며 아카데미의 삶과 온전히 이별을 고할 것이다.

'대학원생'의 신분으로 대학에 머물러온 지도 10년이 다 되어간다. 돌이켜 보면 나를 수식한 직급은 언제나 '조교'였다. 연구소에서, 학과 사무실에서, 강의실에서, 기숙사에서, 대학의 상상 가능한 다양한 공간에서 나는 존재했다. 석사 1기 시절, 연구소장은 어느 학회에서 나를 "잡일 돕는 아이"로 소개했는데, 과정생 시절의 내 포지션을 그만큼 잘 나타내는 말도 없었다. 연구소의 무급 연구원으로 등록된 박사 수료생 선배에게 그 일화를 전하자 그는 "내가 잡일을 하고 너는 일하는 나를 돕고 있으니까, 그건 정말이지 정확한 비유다"라며 나를 쉽게 납득시켜주었다. 연구소장은 이에 그치지 않고 국가 근로 장학생으로 일하는 학부생을 '알바'라고 소개해 그를 한동안 우울하게 만들기도 했다. 그러고 보면 연구소와 대학의 신자유주의가 '수료생=잡일, 과정생=잡일 보조, 학부생=아르바이트'의 구도로 이미 공고하게 구축되어 있었던 셈이다. 연구소장이 '잡일'이라고 정확히 규정해냈듯, 대학원생 조교는 정말이지 대학의 모든 잡스러운 일을 도맡아 한다. 조교라는 직함은 명목상이고 '전천후 잡부'에 가깝다. 그 업무를 굳이 나열하는 것만으로도 지면을 가득 채울 수 있다. 가끔은 언론에서 부당한 처우 운운하며 간간이 다뤄주는 그러한 일들도 한다.

나는 석사 1기부터 박사 4기까지 대학원 과정생 신분으로 있는 동안 매 학기 조교로 근무했다. 학과 사무실과 연구소를 하루에도 몇 번씩 왕복했고, 검수받을 물품이나 서류를 들고 대학 본부를 드나들었다. 교직원들이 모두 퇴근하고 나면 비로소 연구실에 들어가 과제를 하거나 논문을 읽을 여유가 생겼지만, 학회나 학과 행사 준비로 그러지 못하는 날들이 많아 밤조차도 온전한 나의 시간은 아니었다. 그러면서 격일제 기숙사 조교 일도 했다. 오후 11시부터 오전 7시까지 기숙사에서 숙직을 섰다. 공부를 할 여유가 있을 것이라 생각했는데, 생각보다 학생들의 사건 사고가 많았다. 앰뷸런스를 타고 3차 병원의 응급실에 다녀오기도 몇 차례였다. 그래도 조교 장학금만으로는 등록금과 생활비를 충당할 수 없어서 기회가 닿는 대로 생계를 위한 아르바이트를 했다. 편의점 야간 아르바이트를 가장 오래 했고, 주말이면 택배 상하차도 종종 나갔다. 그러다 보니 그저 대학원 수업의 과제를 따라가기에도 벅찬 생활이었다.

대학원 과정을 모두 수료하고 시간강사가 된 지금도, 삶은 그다지 나아지지 않았다. 학자금 대출을 상환하기에도 빠듯하다. 생업인 강의와 연구가 생계를 보장해주지 못하는 까닭이다. 강의실에서는 허울 좋은 젊은 교수님이지만, 4대 보험조차 보장되지 않는 4개월짜리 비정규직 노동자다. 건강보험 보장을 위해 패스트푸드점에서 월 60시간 이상의 아르바이트를 하고 있고, 급여가 없는 방학 중엔 정말이지 이것저것 닥치는 대로 한다. 그런데 그렇게 몇 개월, 몇 년을 공부해 학회지에 연구 성과를 발표하더라도 아무런 수입이 없다. 오히려 학회는 적지 않은 액수의 가입비, 연회비, 심사비, 게재비 등을 요구한다. 그간 대학원생과 시간강사의 이러한 삶이 언론을 통해 몇 차례 단편적으로 다루어지기는 했으나, 그다지 큰 반향을 불러오지 못했다. 죽음(자살)으로 자신의 삶을 증명해낸 선배 강사들 역시, 잠시 사회적 관심을 받는 데에 그쳤다.

'대학'은 그 자체로 하나의 거대한 괴물이다. 대학원생에서 시간강사로 이어지는 착취의 구조는 이미 공고한 시스템으로 자리잡았다. 이것은 신자유주의적 구조 조정을 가속화해온 우리 사회 전반에 걸친 문제다. 그런데 대학은 스스로에게 숭고함과 신성함이라는 환상을 덧입히는 동시에 그 어느 집단보다도 기민하게 자본의 논리에 영합해왔다. 흔히 대학은 그렇지 않을 거야, 하고 미루어 짐작하지만 대학은 그 어느 기업보다도 노동권의 치외법권 지대에 있다. 학부생과 대학원생 조교가 받는 거의 모든 보수는 학비 감면의 방식으로 이루어진다. 조교 장학금은 등록금의 인상 폭에 관계없이 10년째 그대로다. 교직원과 함께 일하거나 교직원이 해야 할 일을 대신 하지만, 최저 시급, 주휴 수당, 초과 수당, 4대 보험 등 노동자로서 받아야 할 기본적인 안전망조차 보장받지 못한다. 그러니까, 대학은 학생의 노동력으로 행정 공백을 채우고, 그들이 내야 할 수업료를 일부 감면해주는 방식으로 인건비 지출을 대신하고 있는 셈이다. 동네 편의점도 노동부의 눈치를 보며 최저시급과 주휴 수당을 챙겨주는 형편임을 감안하면, 어떤 면에서 대학은 거리의 편의점만도 못하다.

'지방시', 어느 후배가 '나는 지방대 시간강사다'를 그와 같이 줄여 말했는데, 명품 같고 좋네, 하고 답해주었다. 지방시를 쓰며 나는 대학이 가진 맨얼굴을 한 번쯤 내어 보이고자 했다. 내부 고발이나 처우 개선 요구와 같이 거창하거나 감당 못할 이야기가 아니라, 그저 이렇게 살아가는 한 세대가 있음을 기록하고자 했다. 동정이 아닌 공감을 이끌어내고 싶었고, 허울 좋은 '교수님'이나 '연구자'가 아닌 같은 시대를 살아가는 한 사람의 '사회인'이자 '노동자'로서 내 삶을 규정해보고 싶었다. 그러면 한발 더 나아갈 용기를 얻을 수 있을 것이라 믿었다. 요약하면,

❶ 지방시는 고발이나 투정이라기보다, 내 세대성의 기록이다. 〈미생〉도 《아프니까 청춘이다》도 모두 기성세대 주도의 '힐링'이었다. 정작 내 세대는 온전히 아픔을 감내해왔고, '힘들다' 말할 기회를 갖는 것조차 쉽지 않았다. 대학뿐 아니라 사회 어디에도 지방시는 있다. 내가 기록한 아카데미의 청춘이 내 세대의 공감을 이끌어낼 수 있길 바랐고, 더불어 그들을 위로할 수 있길 바랐고, 그것이 가능하다면,

❷ 대학원생과 시간강사의 삶이, 함께 시대를 살아가는 '노동자'이자 '사회인'으로 비추어질 수 있을 것을 기대했다. 대학에서는 '노동자'로, 사회에서는 '사회인'으로 살아갈 어떤 근거를 스스로 마련하고자 했다. 그에 더해,

❸ 글을 쓰며 나는 학과 교수와 동료 연구자들을 전에 없이 따뜻한 시선으로 바라보게 되었다. 나를 아프게 한 것은 주변이 아닌 대학이 만들어낸 구조 그 자체에 있었음을 비로소 깨달았다. 내 처지와 생계에 대해 도움을 줄 만큼 여유 있는 노동자는 대학에 존재하지 않는다. 모두가 '을'로서 살아간다. 원망도, 아쉬움도 모두 버리고, 먼저 손을 내미는 다정한 삶을 살기로 다짐했다. (살갑게 행동할 수 있는 성격의 인간이

아닌지라 우선 마음만이라도……) 마지막으로,

④ 내가 이후에 어떠한 삶을 살아가든 나의 과거를 미화하거나 추억하지 않고 '기억'하기 위해, 썼다.

지방시를 쓰며 스스로의 삶을 쉽게 규정할 수 없는 데 대해 놀라고, 또한 절망했다. 사회인으로도, 노동자로도, 학생으로도, 나의 과거와 현재를 쉽게 규정할 수 없었던 것이다. 이전까지 나에게 대학은 신성하고 숭고한 공간이었다. 지성, 학문, 연구, 진리, 이러한 단어들의 총체였고, 나에게는 그 일원이라는 자부심이 언제나 있었다. 하지만 대학의 맨얼굴과 점차 마주하며, 그러한 환상은 무참히 깨어져 나갔다. 나는 그저 대학을 배회하는 유령에 지나지 않았구나, 하는 처연한 자기 규정을 하게 됨과 동시에, 무언가 크게 잘못되었음을 깨달았다. 그래서 원망은 나를 둘러싼 주변인들, 그러니까 선후배 연구자나 지도 교수에게 가서 닿았다. 지방시를 인터넷에 연재하던 초기에는 그들을 향한 공격적인 감정을 그대로 드러내기도 했다. 하지만 연재를 거듭하며 점차 나를, 그리고 모두를 포위한 어떤 거대한 '괴물'이 조금씩 내 앞에 모습을 드러냈다. 그것은 어떤 개별 주체가 아닌 대학이 구축한 '시스템' 그 자체였다. 학부생이든, 대학원생이든, 시간강사든, 교수든, 교직원이든, 대학의 그 누구든, 그 안에서는 온전히 피해자가 될 수밖에 없음을 비로소 인식했다.

원래 지방시는 1부에서 마침표를 찍으려 했다. 그런데 언젠가부터 자연스럽게 두 번째 이야기를 시작하고 있었다. 1부에서 대학원생으로서의 삶과 시간강사의 처우에 대한 이야기를 주로 했다면, 2부에는 시간강사로서 강의실에서 학생들과 겪은 여러 이야기를 주로 담았다.

지방시 2부는 사실, 나를 위한 기록이다. 학생들에게 배운 '인문학'을 어느 젊은 날의 추억이나 감상이 아닌, 실재로서 오래 곁에 두고 싶기 때문에 썼다. 가르치기 위해 대학 강단에 섰다고 생각했는데, 오히려 학생들에게 배운 것이 더 많았다. 학생들에게 배운 인문학을 스스로 기록함과 더불어 많은 사람들과 나누고 싶었다. 그리고 한발 더 나아가, 1부에서 제시한 여러 문제에 대한 내 나름대로의 '대안'이기도 하다. 대학은 신자유주의의 가속화를 실시간으로 목격할 수 있는 현장이 되었다. 그 선봉에 서기도 마다하지 않는다. 순수 학문을 통폐합하고 기업이 원하는 인재를 길러내는 것이 '선진화'로 포장된다. 그런데 그러한 물결 속에서 반드시 구해내고 싶은 존재가 있다. 바로 '학생'들이다. 그들이 휩쓸리지 않게 하는 것이 인문학의 몫일 것이다. 인문학은 아카데미의 장식품이나, 신자유주의의 꼭두각시가 되어서는 안 된다. 오히려 대학을 건져내고, 역행하게 하는 역할을 맡아야 한다.

나는 이미 물결에 휩쓸려 가고 있는 나약한 인간이다. 누군가를 뒤돌아볼 여유를 갖는 것조차 사치에 가깝다. 하지만 적어도 인문학을 가르치는 강의실에서만큼은, 어떻게든 역행하고 싶다. 지금의 사회는 인간을 갑과 을로, 다시 병으로, 정으로, 무한히 분류해내고 있지만, 강의실은 어떠한 위계 없이 '갑'만 존재하는 공간이어야 한다. 강의실에서는 나도, 학생도, 모두가 갑이다. 그렇게 서로를 존중하는 가운데, 그러한 사유가 '명문'과 '지잡'의 분류를 넘어 거리로 확장될 수 있길 바란다. 나의 제자들이 인간의 가치를 수직적으로 분류해내지 않기를, 타인에게 먼저 손을 내밀어 자기 안으로 초대할 수 있는 다정다감한 인간이 될 수 있기를, 바란다. 그렇게 학생들을 구원해내려 한다.

그런데 정작, 구원받은 것은 나 자신이었다. 나에게 먼저 손을 내밀어준 것도, 물결에 휩쓸려 가는 나를 건져준 것도, 학생들이었다. 애초에 그저 대학의 노동자로 살아가기 위해 시작한 강의였지만, 그들은 그런 나를 한없이 뒤돌아보게 만들어주었다. 지방시 2부는 구원자로서의 학생들에 대한 이야기다. 그리고 그들에게 구원받아야 할 많은 대학의 교수자들에게 던지는 메시지이기도 하다. 강의실에서의 사유는 그대로 사회로 나갈 것이고, 언젠가 다시 대학으로 돌아올 것이다. 그래서 대학을 구원할 주체 역시 학생이며, 강의실을 기반으로 한 대학 그 자체일 수밖에 없다. 내가 행하는 강의실에서의 '역행'은, 아주 작은 몸짓이겠으나, 이것이 다시 돌아와 대학과 우리 사회의 가속화를 잠시나마 더디게 해줄 것을 믿는다.

지방시 첫 번째 이야기,
대학원생의 시간

1

"스물여섯의 나는 그렇게
이 삶을 시작했다"

제도권 삶의 시작

나는 어린 시절부터 책을 좋아해 많이 읽었다. 내가 살던 서울 강북의 가난한 산오름 동네에는 저 집 아이가 그렇게 책을 좋아한다더라, 밥도 안 먹고 본다더라, 하는 오지랖 많은 아주머니들의 수군거림이 항상 있었다. 내 부모님은 그것을 무척 자랑스러워하셨고, 나도 내심 싫지 않았다. 아버지는 퇴근길에 자주 교보문고에 들러 나를 위한 책 여러 권을 고심해 골랐다. 족발이나 전기 구이 통닭을 함께 사 오시는 일도 있었으나, 나는 책이 더 좋았다. 하지만 책을 읽는 습관이 수학과 영어 점수까지 담보해주지는 못했다. 중학 시절까지는 어떻게 버텼으나 수학1, 지구과학, 물리, 화학 등으로 이과 기초 과목이 분화되며 나는 거의 항복해버렸다. 국어, 역사, 사회 과목만으로 대학을 갈 수 있다면 얼마나 좋을까, 하는 부질없는 생각을 자주 했다. 결국 수능 점수에 따라 지방 대학교의 인문학부에 진학했다. 입학을 위해 기차를 타고 내려 가며 참 멀리도 대학을 간다, 싶었지만 '인문학'이면 아무 대학이면 어떠랴, 하고 말았다.

대학에 진학해서는 누구보다도 열심히 공부했다. 인문학을 전공하면 행복할 거야, 하고 막연히 믿었던 내 과거를 부정하는 일은 할 수 없어서 이를 악물고 했다. 눈에 띄는 학생은 아니었지만 꾸준히 장학금을 받았고 조기 졸업을 할 만한 성적이 나왔다.

군대에 가기 전 지금은 내 지도 교수가 된 분의 전공 강의를 수강하며, 나는 전에 없던 자극을 받았다. 그는 자신이 10년 넘게 연구해 이룬 성과를 우리에게 '즐겁게' 이야기했다. 들으며 나 역시 즐거웠다. 인문학이라는 것이 허울이나 허상이 아니라 이렇게 실재가 될 수 있구나, 싶었다. 그는 가끔 대학원생이 더 있으면 좋겠다, 고 덧붙였다. 나는 학기 말에 이르러 그의 연구실을 찾아 대학원 진학에 뜻이 있다고 말씀드렸다. 대단히 반기며 선배를 한 분 추천해주셨는데, 교수가 전화기를 든 지 10분도 안 되어 대학원생 한 명이 허겁지겁 들어왔다. 나는 저서 한 권을 선물로 받았고, 연구실을 나와 그 대학원생과 마주 앉았다. 그는 시내에서 밥을 먹다가 지도 교수의 전화를 받고 택시를 타고 왔다고 했다. 그러니까, 밥을 시켜놓고 한 숟갈 먹을까 하던 찰나에 지도 교수의 전화가 온 것이고, 그는 수저를 내려놓고 택시를 잡아타고 연구동까지 온 것이었다. 그때는 그 급박함이 느껴지지 않아서 아, 네, 그러시군요, 하고 말았다. 그는 내게 와서 공부하면 좋을 것이라고 했고 몇 가지 읽어야 할 책을 추천해주고는 다시 밥을 먹으러 갔다. 그리고 나는 곧 군대에 갔다. 지금에 와 돌이켜 생각해보면, 지도 교수에 대한 믿음과 신뢰가 없었다면 그는 밥을 먹다 뛰어오지 않았을 것이다.

육군 병장으로 만기 전역한 나는, 다시 교수의 연구실을 찾았다. 그는 내게 새로 쓴 저서 한 권을 줬고, 내년부터 석사생으로 함께 공부하자고 했다. 마지막 학기에 그가 개설한 전공 수업을 들으며 나는 역시나 즐거웠다. 유일한 걱정은 입학비까지 500만 원이 넘는 대학원 학비였다. 도저히 부모님께 대학원에 갈 테니 지원해달라, 할 염치가 없었다. 나는 그

후 대학원생들의 술자리에 한 번 간 일이 있다. 술자리는 시내 치킨집에서 간단히 맥주를 마시는 정도였다. 나는 그들에게 조심스레 학비가 얼마나 되는지, 생활은 되는지 물었다. 그중 한 대학원생이 조교 활동을 하면 등록금이 해결되고 연구원 인건비를 받으면 한 달에 40만 원 정도의 용돈이 생길 거라고 했다. 어라…… 그러니까 조교로 학과 사무실에서 근무하면 등록금이 나오고 교수에게 연구 인건비를 받으면 용돈까지 생긴다는 거였다. 나는 여러 생각하지 않고 대학원 입학 원서를 썼다.

집에 가서는 아버지와 어머니께 대학원에 진학하겠다고 말씀드렸다. 두 분은 딱히 놀라지도, 반기지도, 않으셨다. 내 아버지의 최종 학력은 대학원 중퇴인데, 한 학기만 다니고 공부를 포기하셨다. 그것은 물론 어려웠던 가정 형편에 따른 바다. 그래서 내가 어렸을 적부터 집을 팔아서라도 네가 하고 싶은 공부를 끝까지 지원해주겠노라고 몇 번이고 말씀하셨다. 그런 말을 지겹게 듣고 자란 아이가 얼마나 될까, 그때는 그게 얼마나 큰 사랑이었는지 잘 느끼지 못했다. 하지만 동생과 나의 등록금을 모두 부담해주신 아버지께 다시 대학원의 학비를 부탁드리기에는 염치가 없었다. 그래서 나는 대학원 등록금을 직접 해결했다고 말씀드렸다. 지도 교수님이 홀륭한 학자이시기에 연구를 도와드리면 충분히 학비를 충당할 수 있다고 덧붙이니, 두 분은 고개를 끄덕이셨다. 대신 대학원 선배 둘과 한방을 쓰게 됐으니 1년 치 집세 150만 원만 지원해주시기를 부탁드렸다. 아버지는 두말 않고 150만 원을 통장으로 부쳐주셨다. 이렇게 나의 대학원 생활이 시작되었다.

2008년 봄, 스물여섯 살인 나는 그렇게 이 삶을 시작했다.

2
"이것이 대학원의 전통이라며 불편한 표정을 지었다"
대학원 입학과 조교 생활

2007년 12월, 대학원 입학이 예정되자 조교장이 나를 포함한 그 해의 대학원 신입생 셋을 호출했다. 나는 학과 사무실에서 함께 신입생이 된 K와 S를 처음 만났다. 둘은 나보다 한두 살씩 어린 여학생들이었다. 내가 인사하자 둘은 반갑게 맞아주기는 했으나, 뭔가 잘 어울릴 수 있는 종류의 인간이 아닌 것을 서로 알았다. K는 술자리를 주도하는 편이었는데, 어느 날은 오빠 내가 오늘은 컨디션이 좀 안 좋아서 조용히 밥만 먹을게, 라고 하기에 나는 네가 조용하니까 참 좋다, 라고 말해버렸다. 내가 원체 사교적인 성격이 아니기도 했으니 동기들과의 사이는 애초부터 별로 좋을 수가 없었다. 조교장은 박사과정생으로 나보다 다섯 살쯤 많았다. 박사과정생인 조교장이 있고, 그 밑에 다른 박사, 석사과정생들이 조교가 되어 학과 사무실의 행정을 보는 시스템이었다(학과장이나 직원이 행정을 주로 책임지는 곳도 있지만 대부분이 그러하다). 조교장은 조교 시스템에 대해 이야기를 시작했다.

그는 우리에게 반드시 조교 활동을 해야 한다고 했다. 나는 이미 조교 활동을 해야 등록금을 보전받을 수 있다는 선배의 말을 들었기에, 의례히 그러려니 했다. 그런데 그가 하는 이야기는 우리 셋을 무척 당황케 했다. 요컨대 주 5일 근무로 오전 8시부터 오후 6시까지 무급 근무를 방학 내내, 2개월이 조금 넘는 시간 동안 하라는 것이었다. 나는 조금 과하지 않은가 싶어서 신입생이 셋이니 로테이션으로 근무를 하면 안 될지 물었다. 그러자 사무실 소파에 앉아 이쪽을 귀담아듣고 있었는지, 두 학기쯤 위의 선배 하나가 나직이 쟤 지금 뭐라는 거야, 라고 했다. 조교장은 이것이 대학원의 전통이라며 불편한 표정을 지었다. 그러고는 대학원 측에서 신입생들에게 공부할 자리를 마련해줬다고 생각하면 되는 것이다, 공부해라, 얼마나 좋으냐, 세상에 이렇게까지 해주는 대학원 선배들이 어디 있냐, 이런 공간 내주는 게 어디 쉬운 줄

아느냐, 라는 내용으로 꽤 긴 시간 동안 훈계했다. K는 자신은 가족과 매해 3박 4일의 휴가를 다녀오니 그 때의 근무를 조정해달라고 했는데, 조교장은 올해는 못 가는 거지 뭐, 하고 무심히 답했다. 학과 사무실에서 나온 우리 셋은 모두 짜증이 나 있었다. K와 S는 이게 말이 되냐고 입을 삐쭉거리며 함께 어디론가 갔고, 나는 자취방으로 갔다. 발걸음이 무거웠다. 그렇게 대학원 조교 생활이 시작되었다.

나는 학교에서 도보로 약 30분 떨어진 곳에 살았다. 대학원 석사 과정생 형님 둘, B와 L과 같이 자취했는데, 둘은 모두 차가 있었고 나는 자전거 한 대뿐이었다. 사실 나는 학교에서 가까운 곳에 방을 얻으려 했으나 그들의 제안으로 같이 살게 된 것이었다. B와 L 모두 학부 때 적당히 안면이 있는 선배들이기도 했고 거절할 명분이 딱히 없었다. 그들은 학교가 다소 멀기는 하지만 자신들이 매일 아침 7시면 일어나 8시 전까지 학교에 올라갈 것이니 아무 차나 골라 타고 같이 가면 되지 않겠느냐 했다. 그래서 나는 그 제안을 고맙게 받아들였다.

그런데 출근 첫날 둘은 8시가 가까워질 때까지 일어나지 못했다. 나는 성격이 조금 부드러운 B를 먼저 조심스레 깨웠는데, 그는 짜증을 내며 돌아누웠다. 그래서 L을 깨우자 그는 어쨌든 나를 8시 5분까지 데려다주었다. 8시 5분에 사무실 문을 열자 동기 둘은 청소를 하고 있었고 조교장을 포함한 선배 둘이 나를 싸늘하게 쳐다보았다. 왜 늦었는지 내게 물었고, 나는 늦잠을 잤다고 답했다. 걸레를 빨며 잠시 이등병 생활이 떠올랐다. 나는 그 이후에도 몇 번 룸메이트들을 깨우다가, 나중에는 포기하고 7시에 일어나 씻고 짐을 챙기고 7시 반에 자전거를 탔다. 한번은 노트북을 들고 눈길에 자전거를 타다가 넘어져 노트북이 박살나기도 했다. 그래도 8시까지 사무실 문을 열어야 한다는 생각을 먼저 했다. 사무실 청소에는 매뉴얼이 있었다. 문을 열어 소화기로 받쳐두고, 창문을 열어 환기하고, 빗자루로 바닥을 '잘' 쓸고, 대걸레를 빨아 와 바닥을 '잘' 닦고, 걸레로 눈이 닿는 모든 곳을 '잘' 훔쳐내고, 교수와 강사들을 응대할 커피를 내리고, 컴퓨터를 켜 공문을 확인해 출력해놓고, 화분에 물을 주고 등등, 지금은 잘 생각도 나지 않지만 적어도 두 배는 더 매뉴얼이 있었다. 8시에 청소를 시작하면 거의 30분이 다 되어서야 끝이 났다. 한번은 청소를 하고 있는데 세 학기 위의 석사과정생 J가 들어와 예전에는 흰 장갑을 끼고 형광등 위를 훑어보고 까맣게 되면 욕먹었는데 세상 참 좋아졌다 그지, 하며 나가기도 했다. 대학원의 갑을 관계가 그를 그렇게 만들었다기보다는 그는 원

래 좀 그런 종류의 사람이었다. 그는 좋게 말하는 법이 없어서 그저 이렇게 저렇게 잘하면 된다고 말하면 될 것을, 이렇게 하면 죽는다, 라며 내게 눈을 부라리기도 했다. 이건 군대에 갓 들어온 이등병을 갈굴 때 선임들이 기를 죽이기 위해 주로 하는 수법이었다. 이런 것을 당하며 나는 참담한 심정이었다.

3

"숨 쉬는 비용을 제외하고도 삼백만 원이 비었다"

등록금과 장학금

1학기 개강일이 가까워져오자 조교장이 '장학금 회의'를 소집했다. 대학원 과정생 조교들이 모두 모였다. 모두 합해 열 명쯤 되었다. 조교장은 장학금 시스템에 대해 설명해주었다. 나는 입학 전 술자리에서 "조교 생활을 하면 등록금이 모두 면제되고, 연구 인건비를 받으면 용돈까지 받을 수 있다"라는 이야기만 간단히 들었을 뿐이었다. 그런데 조교장은 이번 학기에 적어도 삼백만 원씩은 받을 수 있겠다, 고 했다. 나는 내색하지 못했지만 뭔가 몸의 피가 빨리는 기분이었다. 이미 부모님께 생활비와 등록금을 모두 책임지겠다고 장담해놓은 뒤였다. 학기 등록금은 450만 원인데 조교 활동으로 보전되는 비용은 300만 원, 그러면 150만 원의 현금을 당장 마련해야 하는 것이었다. 그의 설명은 이러했다. 교수님이 여덟 분 계신데, 대학원 조교는 열 명이다. 교수님들은 각 한 명의 연구 조교를 두고 350만 원 정도의 장학금을 각각 줄 수 있는데, 여덟 명분의 장학금을 모두 모아 2,800만 원을 만들고 열 명에게 나누면 280만 원, 거기에 과에서 개설하는 대형 강의가 세 개 있는데, 각 조교비가 80만 원씩 240만 원이 나오는 것을 다시 10으로 나누면 각자의 몫은 조금씩 늘어난다. 이 대형 강의의 조교는 당연히 신입생인 나의 몫이었다.

조교 근무는 3월 초부터 8월 말까지라고 했으니까 6개월을 근무하고 300만 원, 한 달로 치면 50만 원이 조금 안 되는 돈을 받게 된다. 이 돈이 내게 할당된 장학금이자 생활비이자 모든 것이었던 셈이다. 수업이 있는 주 아홉 시간을 제외하고는 아침 8시 30분부터 저녁 5시까지 사무실에서 조교 근무를 서야 했다. 당연히 최저 시급이 되지 않았다. 차라리 편의점 아르바이트를 하면서 공부하면 어떨까 하는 생각이 들었다. 하지만 조교 근무를 하지 않으면 이곳 생활을 하기 힘들 것이며, 첫 학기부터 조교 근무를 선택하지 않은 배짱 좋은 대학원생은 없다는 현실적인 조언을 들었다. 결국 그저 순응하고 말았다.

　나는 회의를 마친 후 룸메이트인 L에게 교수님의 연구를 보조해 드리고 받을 수 있다던 연구 인건비에 대해 물었다. 그러자 그는 기존 인건비는 받는 사람들이 받는 것이고, 신규로 연구 프로젝트를 따내면 순번에 따라 차례가 올 것이라고 했다. 그래서 나는 L에게 그도 연구비를 받고 있는지 물었는데, 그는 아직 순번이 되지 않았다고 했다. 그는 나보다 세 학기 선배였다. 적어도 2년 동안은 나에게도 연구 인건비 차례가 없을 것이라는 이야기였다.

　1년에 버는 돈 600만 원, 1년에 내야 할 등록금 900만 원. 숨 쉬는 비용을 제외하고도 300만 원이 비었다. 나는 첫 학기부터 학자금 대출을 받을 수밖에 없었다. 생활비 대출 100만 원까지 추가로 받아 그럭저럭 당장 생계를 해결했다. 부모님께는 교수님의 연구를 도와드리고 충분한 생활비를 받고 있다고 말씀드렸다.

4

"그냥 연구소 잡일 돕는 아이입니다"

연구소 조교 생활

    연구소라고 하면 대개 실험실과 백색 가운을 떠올리기 쉽다. 하지만 인문대의 연구실은 "동양학민족역사연구소", "한민족사회과학연구소"와 같은 거창한 이름을 내걸고 그저 책으로 가득 차 있는 공간이다. 우리 학과에서도 작은 인문학 연구소를 하나 운영하고 있었다. 내가 석사과정에 입학하던 때 마침 연구소 조교를 맡고 있던 선배가 논문 학기에 들어가면서 조교를 새로 뽑아야 했는데 내 지도 교수가 연구소장을 맡게 되었기에 자연스럽게 내가 물망에 올랐다. 연구소 조교가 선임되는 과정에서 대학원생들의 의지가 반영될 여지는 당연히 없었다. 조교장이 나를 불러 너는 오늘부터 학과 조교와 연구소 조교를 함께 맡을 것이니 2층에 있는 한국학연구소에 가서 인수인계를 받으라고 했다. 그러면서 그는, 너는 참 좋겠다 석사 1학기부터 벌써 공부할 공간도 생기고, 연구소엔 책이 많으니 또 논문쓰기는 얼마나 좋아, 게다가 연구소 장학금도 나오잖아, 하고 부러운 표정을 지어 보였다. 그것이 나를 위로하기 위함이었는지 혹 정말로 내가 부러웠던 것인지, 지금도 알 수가 없다. 나는 뭔가 좋은 기회가 온 게 아닌가 싶어 살짝 들떠 있었다.

연구소의 전임 조교는 다른 세부 전공 선배였다. 내가 연구소에 들어가자 그는 인수인계를 시작하자며 목장갑을 던져주었다. 그러고는 지금부터 연구소의 모든 책을 빼서 다시 정리할 것인데, 엑셀 파일에 책의 서지와 개수를 모두 파악해 사흘 내로 올리라고 했다. 연구소는 열 평 남짓의 아담한 크기였다. 어디서 가져왔는지도 모를 폐급 책장이 가득했고, 간신히 앉아 공부할 만한 크기의 책상이 두 개, 누군가를 응대할 작은 소파가 두 개 있었다. 책은 모든 책장에 빽빽하게 꽂혀 있었고 자리가 없어 채 담지 못한 책들이 책장 위 박스에 가득 담겨 있었다.

사흘간 모든 책을 책장에서 꺼내 각 책을 분류하고 다시 꽂았다. 중복되는 책을 골라 박스에 담아가며, 여러 학회지들을 호별로 정리했다. 책의 목록 번호는 대략 3,000번까지였던 것으로 기억한다. 책을 억지로 욱여넣다가 한번은 책과 책 사이에 책이 끼었는데, 손으로 잡아 빼다가 도저히 안 돼서 공구함에 있던 망치로 책을 꺼내기도 했다. 책의 잔해를 어찌할까 하다가 몰래 3층의 쓰레기통에 가져다 버리고 목록 번호를 하나 지웠다. 그렇게 일이 끝나자 J는 연구소의 소파에 나를 앉히고 연구소에서 해야 할 매뉴얼을 알려주었다.

근무 시간은 평일 아침 9시부터 오후 5시까지고, 공부하고 싶다면 5시 이후의 퇴근 시간은 너의 자유다. 주말에 나와 공부해도 좋다. 그런데 24시간 언제라도 지도 교수에게 전화가 와서 뭘 찾거나 너를 호출할 수 있다. 그때 만약 없어서 전화를 못 받았다, 뭐 네가 알아서 상상해라. 연구소에서 발행하는 학회지가 있는데, 그때마다 수백 권의 책을 정리하고 발송해야 한다. 학회지는 1년에 네 번 발행되고 간간이 발행하는 단행본이 있는데, 그건 랜덤이다. 단행본을 전국으로 발송하는 일 역시 너의 몫이다. 연구소가 주최하는 학술회의가 있으면, 그것 역시 네가 처음부터 끝을 책임져야 한다. 연구소 회의가 있으면 네가 참석해 서기의 역할을 해야 하고, 정리된 회의록을 교수님들의 식대 영수증에 첨부해 산학협력단에 제출해야 한다. 연구소 평가는 1년에 한 번 있는데 한 달쯤은 이걸로 밤을 새워야 할 거다.

그가 말한 정말 굵직한 일들만 대략 정리해봤다. 나는 학과 조교와 연구소 조교를 병행하여, 명목상 학과 사무실은 주 3.5일 정도, 연구소는 1.5일 정도 근무하게 되었다. 하지만 나는 하루에도 몇 번씩 사무실과 연구소를 쉴 새 없이 왕복했다. 여기에 9학점의 대학원 수업까지 생각하면, 석사 1학기는 내가 어딘가 뒤돌아볼 여유를 전혀 없게 만들었다. 그러면서 내가 받게 되는 연구소 조교 장학금은 한 학기 동안 60만 원이 전부였다. 수업이 없는 방학에도 의무적으로 출근해야 했으니 6개월간 60만 원, 즉 한 달에 10만 원이었다. 추가 수당이나 보수는 전혀 없었다. 오히려 국가 장학금을 받는 학부생들은 100만 원가량을 받고 정확히 넉 달을 일했으니, 나보다 배 이상의 보수를 받았다(그들 역시 최저 시급은 못 받았다).

나는 연구소에 3년 있었다. 내 의지와는 상관없이 연구소장이 바뀌며 그만두게 되었다. 정말 많은 에피소드가 있었는데, 생각나는 두 가지만 정리해보면 다음과 같다.

연구소 단위의 국가 프로젝트가 나오면 연구소 운영위원들이 모여 어떤 주제로 어떻게 지원할 것인지 회의를 하게 된다. 내가 석사 1학기 때 나왔던 대형 프로젝트 때는 무려 10여 번의 회의가 있었다. 열 명의 교수들이 한마디씩만 해도 회의 시간은 대략 세 시간 가까이 되었다. 회의록을 정리하며 참 답답했던 것은, 다들 말하는 바는 참 이상적이고 훌륭했지만 이것을 대체 어떻게 보고서로 제출할지 내 눈에도 전혀 보이지 않았다는 점이다. 회의가 다섯 번쯤 거듭되었을 때에는 이게 무슨 의미가 있나, 하는 심정이었다. 결국 떨어지고 남은 것은 100만 원에 이르는 식대 영수증과 의미 없는 회의록 더미가 전부였다.

지금도 종종 생각나는 어떤 장면이 있다. 첫 회의 때 모두 일어나 자기소개를 하고 내가 남았는데, 저건 누구지 하는 표정을 몇몇 운영위원들이 지었다. 회의를 진행하려던 연구소장은 아, 저기는 그냥 연구소 잡일 돕는 아이입니다 회의 시작합시다, 라고 했다. 잠시 호감의 눈빛을 보이던 운영위원들은 곧 아 그래요, 하는 표정으로 회의 자료를 들춰었다. 그것으로 내 포지션은 확실히 정해진 셈이었다. "잡일 돕는 아이", 그것만큼 내 석사 시절을 잘 나타내는 표현도 없었다. 연구소의 무급 연구원으로 등록된 박사과정 선배에게 이 일화를 전하자 그는, 내가 잡일을 하고 너는 잡일하는 나를 돕고 있으니까 그건 정말이지 정확한 비유다, 라며 나를 쉽게 납득시켜주었다.

연구소 조교 3년차가 되었을 때, 어느 학회와 연합한 큰 규모의 학술회의가 열렸다. 나는 발표자와 토론자에게 원고를 받아 그것을 자료집으로 만들고, 플래카드를 제작해 게시하고, 테이블과 다과를 세팅하고, 명패를 만들어 각 교수들 앞에 놓고, 진행 중 사진을 찍고, 마이크를 하나하나 점검하고, 물컵을 채우고⋯⋯ 꽤나 정신이 없었다. 오전 10시부터 시작된 학술회의는 오후 5시가 넘어서 끝났다. 학교 근처 고깃집에서 저녁을 먹고, 2차로 호프집, 3차로 노래방, 다시 4차⋯⋯ 선후배들은 대개 2차를 끝내고 돌아갔지만 나는 연구소의 조교였기에 언제나 끝까지 남았다. 술자리에서는 내가 얼마나 행복하게 공부하고 있는지 이야기하고, 노래방에서는 탬버린을 쳤다.

그날은 4차를 하던 새벽 2시쯤 비가 세차게 내렸다. 일기예보에도 없던 비였다. 나는 조용히 빠져나와 학교에 들어가 우산 네 개를 마련했다. 다시 시내에 갔을 무렵에는 자리가 거의 끝나 있었다. 나는 지도 교수께 우산 하나를 드리고 서열과 성별에 따라 세 개의 우산을 나누어드렸다. 비가 여전히 내리고 있었기에 우산을 받은 교수들은 내게 무척 고마워했다. 나는 인사를 드리고 돌아가려 했는데 어떤 젊은 교수가 나를 슬쩍 부르더니 말했다. 아니, 아직 과정생일 텐데 시작부터 끝까지 참 고생이 많네요, 참 대단해요 허허. 그는 내가 무척 존경하는 연구자였다. 좋은 단행본과 논문을 기계처럼 써냈고, 성과물의 피인용 지수가 높았다. 나 역시 그의 논문에 많은 도움을 받고 있었다. 그가 '대단하다'라고 표현한 것이 그때는 그저 도와줘서 고마워, 하는 식으로 느껴졌는데, 지금은 그 '대단함'의 의미에 대해 다시 생각해보게 된다.

주말도 잘 거르지 않고 주 5일 이상 꾸준히 출근했던 연구소에서 내가 3년간 받은 보수의 총액은 360만 원이 전부다. 그런 나를 무척 슬프게 했던 것은 언젠가 내 지도 교수가 내게 했던 말 한마디다. 그는 어떤 술자리에서 내게 연구소의 보수가 어떻게 되는지 물었다.

그래서 나는 한 학기에 60만 원입니다, 하고 답했다. 그러자 그는 고개를 끄덕이며 그래 한 달에 60만 원이면 생활할 만했겠구나, 했다. 나는 당황해서, 아니 선생님 그게 아니고…… 하는데 그는 다른 교수의 말에 이미 응대하고 있었다.

선생님…… 감히 말씀드린 적은 없지만 쉽지 않은 3년이었어요. 죄송합니다.

5

"지식을 만드는 공간이 햄버거를 만드는 공간보다 사람을 위하지 못한다면"

과정생의 노동과 처우

내가 서른이 되던 해, 2012년 어느 여름날에 모 교수님의 연구실 이전을 위해 여러 대학원생들이 모였다. 보통 연구실에는 5,000권 내외의 책이 있다. 그것을 하나하나 노끈으로 포장해 밀차에 쌓아 엘레베이터를 이용해 나른다. 그리고 새로운 연구실을 깨끗이 청소하고, 예쁘게 책을 꽂아 넣는다. 책을 나르는 데에만 한나절이 소요된다. 우리는 아침 일찍 모여 점심까지 책을 날랐다. 교수는 자신의 제자 한 명에게 연구실 이전을 책임지게 했고, 자신은 나오지 않았다. 점심이 되자 몇 판의 피자가 배달되었고, 우리는 먹고 다시 일을 시작했다. 그런데 내 옆에 쌓아뒀던 책 무더기가 내게 쏟아졌다. 두꺼운 양장본들이었다. 그 책들이 꽤나 높은 높이에서 내 다리를 향해 모두 쏟아졌다. 나는 일어나지 못했다. 마침, 세 학기 위 선배 S가 그 꼴을 보았는데, 그는 책을 급히 치우고 나를 부축했다. 나는 앉은 상태로 바지를 걷었다. 책에 찍힌 다리는 그 부분이 뭉개져 있었는데 빨갛다기보다는 하얀…… S는 나를 보고 야 너 저거 뼈 아냐, 라고 외쳤다. 나는 황급히 그의 입을 막았다. 그리고 책임을 맡은 강사를 찾아가 조금 다쳤으니 병원에 가겠다고 했다. 상처를 본 그는 놀라며 빨리 병원에 가야겠다고 했는데, 나는 일을 시끄럽게 만들고 싶지 않아 다시 연락드리겠다고 하고 연구실을 나왔다. 차에 올라타 시동을 걸었다. 집 근처의 정형외과에 가는 길에 바지가 축축하게 젖어왔다. 이제야 피가 펑펑 나고 있었다.

정형외과엔 사람이 많았다. 양말로 상처 부위의 피를 막고 내 차례를 기다렸다. 응급실에 가도 되었겠지만 응급 비용을 부담할 자신이 없었다. 의사는 내가 진료실에 들어가자마자 수술 준비해, 라고 하고 나를 수술대에 눕혔다. 겁이 나서 꼭 수술을 해야 하나요, 하고 묻자 그는 이걸 수술을 안 하면 어쩌려고요, 하고 웃었다. 아마 열 바늘 정도 꿰맸을 것이다. 대략 5만 원 내외의 비용이 나왔던 것 같다. 나는 오른 다리에 깁스를 하고 자취방에 들어갔다. 어떻게 걸어야 할지 몰라 침대까지 기어가 간신히 누웠다. 다친 시간은 오후 2시, 집에 들어와 누우니 5시쯤 되었다. 그때까지 나에겐 한 통의 전화도 오지 않았다. 내가 다친 사실을 그 강사와 S, 그리고 그 자리의 모두가 대략은 알았을 것이다. 나는 둘에게 문자를 남겼다. 몇 바늘을 꿰맸고 당분간 연구실에 나가지 못할 것 같다는 내용이었다. 마침 방학이어서 강의는 없었다. 둘 모두에게서 답장이 왔다. 푹 쉬라는 것이었다. 다음날 S가 나를 찾아왔다. 그는 과자와 아이스크림 같은 것을 적당히 사 왔다. 나는 누구 같이 온 사람이 없냐고 물었는데, 없다고 했다. 나는 그에게 세탁기 안의 빨래를 좀 널어줘요, 하고 부탁했고, 그는 빨래를 널어주고 돌아갔다.

누군가의 일을 돕다가 크게 다쳤는데, 책임지는 사람은 아무도 없었다. 나는 교수든 강사든, 그 누구든 나에게 전화해 많이 다쳤는지, 몸은 좀 어떤지, 자신의 일을 도와주다 그랬으니 정말 유감이라든지, 그러한 말을 해주길 바랐다. 하지만 나는 모든 치료 비용을 직접 부담해야 했고, 여름 내내 제대로 씻지도 못하고 침대에 누워 대부분의 시간을 보냈다. 이곳이 내 직장이라면, 내 청춘을 바치고 있는 곳이라면, 나에게 최소한의 도리를 해주길 바랐다. 군대에서 작업하던 이등병이 다쳐도, 일용직 노동자가 현장에서 다쳐도, 사람을, 노동자를, 이렇게 대접하지는 않는다. 내가 연구실 이전에 기꺼이 응한 것은 물론 그러한 '잡일'이 관행이기는 했으나, 제자의 도리라 생각했고 무엇보다도 학과 교수님들에 대한 존경과 신뢰가 있었기 때문이다. 하지만 그해 여름에 나는 너무나 외로웠다.

지금 나는 강의를 하며 주 3일은 학교에서 떨어진 24시간 패스트푸드점에서 일한다. 거기에서 '딜리'라는 업무를 한다. 아침 일찍 배달되는 냉동, 냉장 음식을 받아 창고에 올리는 일이다. 강의가 없는 날, 아침 7시에 출근해 점심까지 일할 수 있도록 배려해준 곳이다. 나는 언젠가 냉동 감자를 옮기다가 빗길에 넘어져 팔이 골절됐다. 팔꿈치가 갑자기 야구공 크기만큼 부풀어 올랐다. 그 자리에는 크루* 동생들과 매니저가 있었다. 매니저는 침착하게 나를 근처 병원으로 데려 갔고 모든 병원비를 부담해주었다. 그리고 2주간 스케줄을 빼줄 테니 언제든 낫는 대로 나오라고 웃으며 말해주었다. 원한다면 산업재해 신청으로 70%의 임금을 받을 수 있게 해주겠다는 말도 덧붙였다. 패스트푸드점의 대처에는 이처럼 노동자를 위한 '매뉴얼'이 있었다. 대학의 대처와 비교하며 나는 몹시 부끄러웠다.

지금 나를 사회적으로 보장해주는 명목상의 직장은 대학이 아닌 24시간 패스트푸드점이다. 대학은 대학원생과 시간강사에게 각각 행정과 강의의 상당 부분을 의존하고 있지만, 정작 그들을 '노동자'로 대우하지 않는다. 대학원생과 시간강사는 대부분 지역 가입자로, 혹은 부모님의 피부양자로 건강보험에 등록되어 있다. 오히려 패스트푸드점에서 건강보험을 포함한 4대 보험을 모두 등록해주었다. 내가 흔치 않은 직장 가입자가 된 것은 맥도날드에서 월 60시간 이상 노동하고 있기 때문이다. 일주일에 사흘, 아침 7시부터 낮 1시까지 맥도날드에 나가 냉동 감자를 나르고 설거지를 하고 테이블을 닦는다. 아침 6시면 일어나 주섬주섬 아침을 챙겨 먹고 출근길에 나선다. 춥다, 더 자고 싶다, 왜 이렇게까지 해야 하지, 하는 생각이 온몸을 감싼다. 그래도 매장에 도착해 일하다 보면 그저 감사하다. 최저 시급 5,580원**의 육체노동이지만, 적어도 나를 사회적으로 보장, 보호해주는 유일한 공간이다.

- crew. 패스트푸드점에서 시간제 근로자들을 이르는 말.
- ** 2015년 기준.

나는 지금 한 달에 12,000원의 건강보험료를 낸다. 30대 남성이 부담하는 액수로는 지나치게 적다. 내 주변을 기준으로 10만 원 내외를 내는 것이 일반적이다. 얼마 전 주민센터에 제출할 서류가 있어 건강보험료 납입액을 12,000원으로 적었더니 어제는 전화가 와서 '0'을 하나 빼먹으신 듯하다, 고 했다. 그래서 정확히 적은 것이 맞다, 고 하자 아…… 하고 뭔가 횡설수설하다가 실례지만 직업이 어떻게 되시나요, 하고 물었다. 저는 대학교 시간강사이고 건강보험료를 등록해준 곳은 맥도날드입니다, 아니 대학에서 건강보험이 되시잖아요, 죄송합니다 대학에서 안 해줘요, 그럴 리가요, 정말 그렇습니다. 대학에서 노동자의 최소한의 안전망이라 할 수 있는 4대 보험조차 보장하지 않는 데 대해서는, 모두가 놀란다.

부모님께 건강보험 피부양자로 들어오세요, 하자 두 분은 무척 반가워했다. 대학에서 이제 건강보험을 해주는 거냐, 물으셔서 나는 지도 교수님이 연구원으로 등록해주어 그동안 건강보험료가 나올 거예요, 했다. 물론 거짓말이다. 도저히 저 맥도날드에서 일해요, 하고 말할 자신이 없었다. 이런 식으로라도, 한평생 열심히 일해 모든 가족을 피부양자로 든든히 품어준 내 아버지를 '부양'할 수 있다는 것이 기쁘고, 서럽고…… 그저 너덜너덜하다.

언젠가 12,000원의 건강보험료를 내며 30대를 보낸 이 시기를 내 후배들에게 웃으며, 술자리 안주 삼아 이야기할 수 있게 되기를, 그리고 내 후배들은 적어도 부모님의 든든한 부양자가 되어 웃으며 건배할 수 있기를, 간절히 바란다. 지식을 만드는 공간이, 햄버거를 만드는 공간보다 사람을 위하지 못한다면, 참 슬픈 일이다.

◆ **대학 시간강사 K께**

　서른 이전까지 '건강보험'의 개념을 거의 모르고 살았습니다. 병원에 가서 주민등록번호를 적으면 원무과에서 아버님 성함이 Y가 맞나요, 하고 물었고 저는 그렇다고 대답하면 그만이었습니다. 이렇게 그저 몇 마디 주고받는 것으로 그간 건강보험 혜택을 받아온 것은 온전히 아버지 덕분입니다. 아버지께서 직장 건강보험을 통해 저를 '부양'하는 동안, 저는 '피부양자' 자격으로 30년을 살았습니다. 스무 살부터 본가를 떠나 홀로 있었지만 나는 단 한 번도 '사회적 어른'이었던 적이 없고, 아버지는 여전히 나의 든든한 보호자이자 울타리였던 것입니다.

　박사과정을 수료하고 첫 강의를 나가던 무렵, 아버지는 퇴직을 앞두고 있었습니다. 어머니는 아버지를 대신해 내게 직장 건강보험 가입 여부를 조심스레 물었습니다. 퇴직 후 두 분을 내 '피부양자'로 등록하기 위함이었습니다. 하지만 제 급여 명세표 어디에도 '건강보험' 항목은 없었습니다. 어머니께 시간강사는 건강보험이 안 되는 모양, 이라고 답하며 무척이나 속이 쓰렸습니다. 아니, 너덜너덜해졌다는 표현이 더욱 알맞겠습니다. 내 부모님도 아마, 같은 심정이었을 것입니다.

드라마 〈미생〉의 최종화에서 오 차장은 장그래에게 너 4대 보험만 해주면 된다고 했지, 하고 묻습니다. 누군가에게는 별것 아닌 장면이었지만, 저에게는 가장 절실한 장면이었습니다. 저는 대학원생 시절부터 학과 사무실에서 '행정 노동'을 했고, 시간강사를 하면서는 '강의 노동'을 했습니다. 하지만 언제나 4대 보험의 테두리 바깥에 있었습니다. 고용주인 '대학'은 4대 보험의 의무, 혹은 자선을 단 한 번도 이행하거나 베푼 바가 없습니다. 전국 방방곡곡으로 출강을 나가는 선배들이나, 학회나 세미나 등을 통해 친해진 동료 연구자들의 말을 종합해보아도 건강보험 혜택을 받고 있는 대학원생이나 시간강사는 없습니다. 그것은 명문대와 지방대, 국립대와 사립대, 과정생과 학위 수료자를 가리지 않고 나타나는 공통된 현상입니다.

건강보험 지역 가입자로서 부담해야 하는 보험료 액수는 생각보다 큽니다. 소득 분위에 따른 징수 기준이 어찌 되는지는 잘 모르겠지만, 그저 그런 중고차와 오래된 20평 아파트를 대출 가득 끼워 소유하고 있는 주변의 30대 시간강사들 대부분이 10만 원 내외의 보험료를 매달 납부합니다. 만약 직장 가입자라면 6학점과 시급 4만 원을 기준으로 해 전체 월급의 3%인 월 3만 원을, 10학점 이상 강의 한다고 해도 월 5~6만 원가량을 납부하면 충분할 것입니다.

'지방시'는 인터넷 신문 〈슬로우뉴스〉에 연재되고 있습니다. 건강 보험에 대해 다룬 에피소드에는 많은 댓글이 달렸는데, 편집장이 직접 나서서 해명을 하는 일이 생겼습니다. '대학 시간강사 K'라는 사람이 작성한 댓글 때문입니다. 문제가 된 부분을 인용하면 다음과 같습니다.

"대학 시간강사 직장 의료보험 가입됩니다. 글쓴이는 아직 대학원생이어서 그런 겁니다. 우리나라 대학 시간강사 대우가 부당한 정도로 열악한 것은 맞지만, 글쓴이의 경우가 우리나라 대학 시간강사의 일반적인 모습은 아닙니다. 슬로우뉴스에 대한 애정에서 말씀드리건대, 이 시리즈 내용들 신중하게 연재하기 바랍니다."

"이렇게 기본적인 사실 확인조차도 제대로 못 하고 공개적인 글을 연재하는 사람이 과연 제대로 된 논문을 쓰고, 양질의 강의를 할 수 있을까요? 무조건 대학원 공부했다고 안정적인 삶이 보장될 수는 없는 겁니다. 그 안에서도 능력 차이가 있는 것이고, 일부의 경우 자연적인 도태나 낙오도 있는 것입니다. 제 생각에 이분은 대학원이 아니라 일반 회사에 들어가서 일하시려고 하셨어도, 취업 과정에서부터 설사 근무 중에도 많은 어려움이 있었을 것으로 생각됩니다. 제 생각에는 이분은 대학 시간강사에 대한 문제의식이 담긴 글을 쓰는 건 삼가셨으면 합니다. 선무당이 사람 잡는다고…… 오히려 이런 분들의 엉터리 글이, 이 문제의 진정한 본질을 흐릴 수도 있습니다."•

댓글을 읽고 마음이 몹시 아팠습니다. 저녁 먹은 것이 없

• 대학 시간강사 K, "나는 시간강사다: 대학보다 나은 패스트푸드점"(http:/slownews.kr/36569, 이 책의 1부 5장 〈지식을 만드는 공간이 햄버거를 만드는 공간보다 사람을 위하지 못한다면〉의 원문), 〈슬로우뉴스〉에 단 댓글.

혀서 반나절 고생하기도 했습니다. 대학 강사도 건강보험 혜택을 받을 수 있고, 그것이 일반적인 경우라면 참 좋은 일입니다. 하지만 제가 단언하건대, 그렇지 않습니다. 〈슬로우뉴스〉의 편집장은 예외적으로 댓글에 개입해 "4대 보험이 제도로 강제된 것은 아니다" 하는 교수 노조 사무국장과의 통화 내용을 부연했습니다. 이 시리즈 내용들 신중히 연재하시기 바랍니다, 하는 엄포에는 그도 아마 흔들렸을 것입니다.

시간강사가 4대 보험, 특히 건강보험 혜택을 받을 수 없는 까닭은 의외로 단순합니다. 대학이 법을 성실히 준수하고 있기 때문입니다. 건강보험법 시행령 9조는 "건강보험 직장 가입자에서 제외되는 사람"을 명시하고 있습니다. 그에 따르면, 어느 특정 대학에서 15학점 이상의 강의를 할 시에는 건강보험 직장 가입자가 될 수 있습니다. 하지만 시간강사들로서는 3학점 강의 하나를 맡기도 힘든 현실입니다. 10학점 이상의 강의를 맡을 경우 초과분에 대해서는 강의료를 지급하지 않는 대학도 있습니다. 대학은 건강보험법 시행령을 충실히 이행하는 가운데, 그 어떤 여지를 허락하지 않습니다.

그래서 저는, '맥도날드' 노동자가 되었습니다. 덕분에 건강보험 직장 가입자가 되어 월급의 3%, 매달 12,000원 내외를 납부합니다. 분 단위로 계산된 최저 시급까지 보장받고 있는데, 대학에서는 누려 보지 못한 호사입니다. 다만 월 60시간 이상 노동하지 않으면, 그달의 건강보험은 지역 가입으로 전환됩니다. 그래서 몸이 아프든 어쩌든, 스케줄 표에 기록해 나가며 반드시 월 60시간의 근로시수를 채웁니다. 감기가 심해 한 주를 통째로 결근해야 했던 지난달에는 스케줄 매니저에게 부탁해 추가 근무를 하는 것으로 간신히 시수를 채웠습니다. 근로 명세서에 찍힌 "61.2"라는 근로 시수를 보고 안도의 숨을 내쉰 기억이 아직 생생합니다. 그나마 방학 중이어서 가능했던 일입니다. 1년 이상 직장 가입자 자격을 유지하면 직장을 그만두더라도 '임의 계속 가입'을 신청해 2년간 계속 혜택을 받을 수 있다고 합니다. 언젠가 지역 건강보험공단 관계자와 통화해 확인한 내용입니다. 반드시 1년을 버티겠다고 마음먹었고, 글을 쓰는 지금은 1년이 넘었습니다.

"시간강사도 건강보험 혜택을 받을 수 있다"라는 '대학 시간강사K'의 주장은 틀렸습니다. 간혹 혜택을 받는 시간강사들이 있는지 모르겠지만, 대학 측에서 초법적 자선을 베풀었을 경우에 한정됩니다. 이처럼 노동하고 있으되 노동자로 존재하지 못하는 현실은, 노동하는 한 인간이 응당 가져야 할 정체성과 자존감을 무너뜨립니다. 저는 지금 남들과 비교할 수 없을 만큼 적은 액수의 건강보험료를 내고 있지만, 차라리 저의 생업인 대학에서의 노동, 그러니까 '강의'와 '연구'를 통해 정당한 액수의 건강보험료를 낼 수 있길 바랍니다. 저는 노동자이자 사회인으로, 이 사회에서 동시하고 싶습니다.

6

"여기서 혼자 할 일 없는 놈"
내 부모의 보호자가 되지 못하는 현실

　나는 살면서 무언가 강요받아본 기억이 드물다. 내 부모님은 좋게 말하면 '신뢰'로, 남들이 보기엔 '방임'으로 남매를 키우셨다. 학교에서 받아 온 가정통신문 장래희망란에 무언가 적을 때에도 너 하고 싶은 거 해, 라고 하셨고 부모님 의견란에는 자녀의 의견을 존중합니다, 라고 쓰셨다. 심지어는 대학에 갈 때도 내가 어느 대학에 가면 좋을까요, 하고 여쭙자 네가 가고 싶은 학교와 과를 정하고 우리에게 말해주렴, 하고 대답하셨다. 그래서 나는 아무 고민 없이 점수에 맞춰 원하는 대학, 원하는 전공을 선택할 수 있었다.

어머니는 아버지를 만난 후 공무원 생활을 그만두고 전업주부가 되셨다. 아버지는 많지 않은 외벌이로, 하지만 어머니께 꼬박꼬박 네 식구를 건사할 월급을 가져다주셨다. 내 어머니는 그것을 무척 감사하게 생각했다. 아버지가 월급을 받아 온 날이면 집 안에 삼겹살 굽는 냄새나 돈가스 튀기는 냄새가 퍼졌다. 구김살 없이 행복한 가정이었다.

어느 날 어머니는 내게 직장 건강보험에 가입되어 있는지 물으셨다. 아버지 퇴임 후 두 분을 피부양자로 등록하기 위함이었다. 당연히 좋은 대답을 드릴 수 없었다. 한평생 한 가정을 훌륭하게 먹여 살린 내 아버지가 퇴임을 앞두고 계신데, 다음 세대인 나는 부모님을 '부양'할 수 없다. 서른이 훌쩍 넘어서도 여전히 '피부양' 상태이며, 내 부모의 보호자가 될 수 없다는 현실은, 나를 무척 주눅 들게 만들었다.

어머니는 이런 나를, 점차 측은하게 여기셨다. 그러한 분위기가 감지될 때마다 나는 티를 낼 수는 없었지만 당신에게 태어나서 정말 미안해요, 하는 마음이었다. '엄친아'는 정말 실재하는 개념인지, 엄마 친구 아들이나 딸들은 하나같이 대학 졸업과 동시에 대기업에 입사해, 연봉이 사천이다, 오천이다, 했다. 서로 실망과 죄송스러움을 티 내지 않기 위해 애쓰는, 안쓰러운 배려가 계속되었다. 자연스레 나는 공부를 핑계로 집에 잘 올라가지 않았다.

결정적인 계기가 된 것은 박사 2기 크리스마스 때였다. 나는 오래된 친구 몇과 함께 어머니의 집에서 저녁을 먹고 간단히 맥주를 마셨다. 고등학교 시절 천리안의 취미 동호회에서 만나 10년 넘게 모임을 가져오고 있는 친구들이었다. 가끔 밤늦게 이 친구들과 함께 집에 들어가면 어머니는 기꺼이 따뜻한 밥을 지어주시곤 했다. S는 은행 정규직이 되었고, Y는 디자인 회사에서 자리를 잡았고, T는 벤처 회사에서 계속 살아남았고, D는 사법연수원에 있었다. 내 어머니는 친구들의 권유로 잠시 동석해 맥주를 몇 잔 드셨다. 다들 잘 살고 있는지, 부모님들은 건강하신지, 그러한 것들을 몇 차례 애틋하게 물으시고는, 몸을 일으키셨다. 그러고는 내게 휴, 이 할 일 없는 놈…… 여기서 혼자 할 일 없는 놈, 하고 나가셨다. 친구들은 멋쩍은 웃음을 지었고, 내 어머니께 나는 "할 일 없는 놈"으로 규정되었다.

박사 3기에 접어든 나는 명절이나 부모님 생신이 아니면 본가에 잘 들어가지 않았다. 한번은 친구들을 만나기 위해 올라왔다가 터미널에서 차가 끊겼다. 지하철이 많이 남아 있었기에 충분히 서울 집에 들어갈 수 있었다. 하지만 나는 강변역 화장실에 들어가서 앉았다. 일곱 시간 정도만 버티면 터미널에서 첫차를 탈 수 있을 것이었다. 얼마나 지났는지, 핸드폰을 꺼내 시간을 때우고 있는데 누군가 문을 두들겼다. 문 닫습니다, 이제 나오셔야 해요. 막차가 끊기면 지하철 화장실도 폐쇄된다는 것을 그때 처음 알았다. 나는 밖으로 나와 여기저기 갈 곳을 찾다가, 24시간 영업하는 커피숍에 들어가 커피 한 잔을 시키고 눈을 붙였다. 그러면서도 그저 어머니께 죄송한 마음이었다.

내 어머니는 58년 개띠, 그저 평범한 베이비붐 세대의 한 사람이다. 어느 대학원생의 부모가 그렇지 않겠냐마는, 아들이 언젠가는 교수가 될 것을 믿는다. 그래서 내가 그것이 얼마나 힘든 일인지, 그러려면 무엇이 필요한지, 이전과 달리 사회구조가 어떻게 바뀌어가고 있는지, 그런 것들을 열없이 주워섬기면, 어머니는 측은한 얼굴로 나를 바라보며 언제나처럼 한마디,

"노력하면 되는 거 아니니?"

언젠가부터 나타난 많은 '힐링 전도사'들은 '꿈', '도전',

'열정'과 같은 단어들을 청년의 미덕으로 제시한다. 듣기엔 참 좋은 말이다. 그런데 이들이 구축한 '청년론'은 젊은 세대들의 아픔을 그저 '노력하지 않았기 때문'으로 규정해내기에 문제가 된다. 이 마법의 논리를 구성하는 핵심은 바로 '노력'이다. 취직하지 못하는 것, 연애하지 못하는 것, 그 어떤 모든 것들이 기성세대만큼의 노력을 하지 않았기 때문으로 귀결된다. 이것은 청년 세대를 위한 위안이나 동기부여가 되지 못한다. 그저 자기 혐오감을 증식하는 수단이 될 뿐이다. 무엇보다 우리 사회의 구조적 문제점을 들여다볼 여지를 주지 않는다. 기성세대는 스스로의 역할을 뒤돌아보는 대신 그저 청년의 노력을 심사하는 엄격한 평가자가 된다. 결국, '아프니까 청춘'이라는 시대적 계발의 논리는 기성세대를 위한 것도, 청년 세대를 위한 것도 아니다. 그저 지금의 세대 갈등을 더욱 심화하고 있을 뿐이다.

어머니 앞에서 아들 세대의 '아픔'에 대해 말하는 것은 무척 어려운 일이다. 그러니까, '아프다'고 말하는 것이 너무나 아픈 것이다. 어머니는 내가 책에 빠져 살던 어린 시절, 종종 네가 원하면 언제까지나 공부할 수 있게 해줄게, 집을 팔아서라도 그렇게 해줄게 공부만 하렴, 하고 다정하게 속삭여주었다. 나는 지금도 그 목소리를 사랑스럽던 마음, 질감 그대로 기억한다. 하지만 더 이상의 희생을 강요할 염치는 없어서, 일그러진 얼굴로 저는 잘 살고 있습니다, 하는 것이 고작이다.

    죄송합니다 어머니……

7

"너 그러다 늙겠구나"

그리고……

내 할머니는 96세까지 사셨다. 집안의 독자인 나를 예뻐해서 나만 보면 사촌 누나들 몰래 용돈을 몇만 원씩 주머니에 욱여넣곤 하셨다. 어려서는 그것이 무얼 의미하는지도 몰랐고, 사촌 누나들에게 미안한 감정이 든 것은 꽤나 머리가 자라고부터였다. 내 첫 학기 대학 등록금의 일부는 할머니께서 나왔다. 50만 원이었는지, 100만 원이었는지, 어머니께 봉투를 하나 몰래 주며 나의 등록금에 보태라 하셨다고 했다. 아마 등록금의 정확한 액수는 모르셨을 테고 소일 삼아 이런저런 일을 하며 모은 용돈이었을 테다. 내가 효도하는 길은 아마도 번듯한 직장에 취업해 그간 받았던 크고 작은 사랑을 갚아나가는 길이었겠으나, 나는 그런 기대를 저버리고 대학원에 진학했다. 그사이 사촌 누나들은 회사원이 되었고, 언젠가부터 할머니께 다달이 용돈을 모아 드리고 있었다. 돌이켜 보면 온전히 내가 갚아야 할 몫인 것을, 나는 그때까지도 여전히 받는 데에만 익숙했다.

석사학위를 받았을 때, 할머니는 이제 선상님이 된 거냐, 그런 거냐, 하고 물으셨다. 나는 아직 학생이에요, 하고 답했다. 박사과정을 수료했을 때는 언제 선상님이 되는 거냐, 하고 힘겹게 물으셨다. 나는 곧 될 거예요, 하고 어렵게 답했다. 할머니는 그런 나를 보고 너 그러다 늙겠구나…… 하셨다. 그때 이미 귀가 어두워 몇 번이고 크게 반복해 말해야 했다. 그게 내가 기억하는 할머니와의 마지막 대화였다. 할머니는 얼마 지나지 않아 돌아가셨다. 교통사고였다. 나는 병원에서 차게 식은 할머니를 붙들고 미안해 할머니 하고 엉엉 울었다. 이런저런 감정들보다도, '선상님'이 되어 용돈 한 번 드린 바가 없는 것이 견딜 수가 없었다. 강의를 시작하기는 했으나 학자금 대출을 갚는 것조차 버거워 조금만 더, 조금만 더 기다리시면 저도 손자 노릇 할게요, 했던 것이 너무나 원망스러웠다. 너 그러다 늙겠구나, 라는 한탄에서의 주체는 오히려 당신이었던 것이다. 그걸 알아차리는 데에도 너무나 오랜 시간이 걸렸다.

할머니의 첫 성묘를 가는 길에 국화를 사 꽃잎을 뿌려드렸다. 그것이 내가 할머니께 드린 처음이자 마지막 선물이다.

8

"야 그만 좀 얻어먹어 인마"

외로움에 대한 이야기… 친구들

석사과정생 생활을 하며, 나는 고향인 서울에 거의 가지 못했다. 주5일 내내 연구소와 학과 사무실 조교 근무를 해야 했고, 주말도 따로 없었다. 한번은 수업이 없는 평일 오전에 조교장에게 양해를 구하고 서울에 좀 다녀오려고 했다. 물론 다음 날 오전 8시에 차질 없이 학과 사무실의 문을 열겠다고 했다. 그러자 조교장은 난색을 표했다. 학과 사무실 근무라는 것이 언제 어디서 비상사태가 벌어질지 모르는데, 조교들이 30분 이내에 모일 수 없다면 조교라고 할 수 있겠나, 그는 정말로 그렇게 말했다. 그에 따르면 학과 사무실 대학원 조교라는 것은 '5분 대기조'나 다름없었다. 하지만 그 '비상사태'라는 것은 고작해야 교수가 대량의 복사를 맡기며 10분 후에 찾으러 올게, 한다거나 어느 교수가 연구실 책상 배치를 좀 바꾸고 싶다는데 남자 조교들이 필요해, 하는 그런 것들이었다. 그런 분위기에서 나는 명절, 부모님 생신, 혹은 정말 중요한 일이 아니면 대부분 학교 근처에 머물렀다.

고향에 갈 수 없다는 것은, 자신의 과거와 단절된다는 말과도 같다. 현재진행형이 될 수 있었을 여러 인연들과 나는 점차 이별했다. 내가 기댈 곳은 몸담고 있는 대학원 사회 하나가 전부였다. 하지만 인문계 대학원에는 남자가 부족했고, 있다 하더라도 나와 '또래'인 이들은 거의 없었고, 더욱이 친구가 될 '동갑'은 전혀 없었다. 그래서 나는 2008년부터 지금까지, 오늘 술 한잔하자, 내가 많이 우울한데 술 한잔 사줘, 나 오늘 월급 받았어 술 한잔 살게, 라고 말할 주변의 '친구'를 만들지 못했다. 대학원에서 나름 친해진 인연이 두엇 있었으나, P는 석사 과정을 버티지 못하고 고향으로 돌아갔고, L은 자신의 여유가 허락할 때에만 나를 만났다. L은 이 도시에서 나고 자란 토박이였다. 그래서 친구가 많았고, 나와 함께 자리에 있다가도 야 아는 형님이 부른다 우린 다음에 보자, 하고 일어났다. 내가 힘이 들어 오늘은 같이 술 한잔해줘요,

라고 해도 그는 논문이 너무 바빠서 끝나고 내가 한잔 살게, 하는 식으로 미루길 잘했다.

나는 그래서 혼자 소주를 두어 병, 그리고 안주가 될 만한 순대나 튀김을 적당히, 해서 지나간 예능 프로그램을 보며 혼자 먹고 취하는 일이 많았다. 술잔 두 개를 가져다 놓고 속으로, 한 잔 받아 오늘도 수고했어, 너도 한 잔 받아 힘들었지, 하고 한 잔을 마시고 다시 한 잔을 마시고, 잔을 붓고 다시 한 잔을 부었다. 나와 같은 처지의 사람이 없을까 해서 네이버에서 지역명을 치고 '친구'라는 키워드를 검색해보기도 했고, 길에서 나이가 비슷해 보이는 사람이 지나가면 붙잡고 저랑 이야기 좀 해요, 제가 술 살게요, 무슨 일해요, 힘들지 않나요, 하고 묻고 싶었다.

서울의 친구들과는 점점 멀어져갔다. 서로 연락하다가, 서로 연락이 뜸해지고, 내가 몇 번을 먼저 하다가 그나마도 어색해지고, 나중에는 내가 죽으면 이 친구가 오기는 할까, 아니 알고 찾아올 수 있을까 싶은, 그런 사이가 많아져갔다. 적지 않은 시간이 흐르는 동안 나는 여전히 대학원생으로 자리를 지켰고, 친구들은 '사회인'이 되어갔다. 노동하고, 그에 준하는 월급을 받았다. 그 차이는 '친구'라는 단어로 쉽게 메꿔

질 수 있는 것이 아니었다. 함께 만나 적은 돈을 나눠 삼겹살에 소주 한잔으로 즐겁던 녀석들이 갑자기 '좋은 회'를 먹자거나, '양주'를 먹자거나, 오늘 내가 살게, 하는 말을 꺼냈다. 처음 한두 번은 너 인마 좋은 직장 잡은 걸 보니 정말 좋다, 오늘은 내가 얻어 먹고, 내가 교수 되면 너희들 다 모아서 파티 한번 할게, 하는 식으로 그 변화를 즐겁게 받아들였다. 하지만 어떤 벽이 점차 쌓여갔다. 그것은 오래된 친구, 좋은 친구, 막역한 친구를 가리지 않았다. 친구들은 직장에서 만난 새로운 인연들과 경쟁하듯 서로를 페이스북에 '태그' 하기 시작했고, 내게는 서울에 언제 오는지 영혼 없는 인사치레를 하다가 곧 그마저도 그만두었다. '나'라는 사람의 자리는 점점 잊혀갔다.

특히 가장 친한 친구라고 생각했던 몇, 그중 G와 멀어진 일은 아직도 잊을 수가 없다. 나는 서울에 가면 꼭 고등학교 동창인 G를 만나 놀았다. 함께 단과 학원에 다니며 오락실에서 1945를 돈이 떨어질 때까지 하고, 새우버거를 하나 더 준다는 말에 한 달 내내 롯데리아에서 함께 저녁을 먹기도 한 사이다. 그와 술을 마시는 날은 언제나 저녁 6시부터 만나 새벽 1시까지 쉬지 않고 마셨다. 서로 성격이 비슷했고, 주량도 주취도 비슷해 죽이 잘 맞았다. 한번은 술로 이겨 보겠다고 국가대표 축구 경기를 보다가 골이 들어가면 술을 '원샷' 하기로 정했다. 그날따라 골이 정말 들어가지 않아서 우리는 패스가 성공할 때마다 마시기로 기준을 바꾸었다. 우리 국가대표팀이 백패스를 즐겨 하던 때다. 우리는 1분 동안 소주 한 병을 거덜냈다. 그러다 죽을 것 같아서 코너킥 때마다 한 잔 하는 걸로 다시 또 바꾸었다. 참 즐거웠던 한때다.

그러던 이 친구도 취업을 하고 연봉이 이천이다 삼천이다 했다. 취업에 성공했을 때에는 내가 이 친구의 회사 앞까지 찾아가 참치회를 한 접시 얻어먹었다. 그래도 된다고 생각했고, 그래야 할 사이라고 생각했다. 그리고 자주 만나지도 못하던 어느 날, 오랜만에 만나 내가 맥주를 한잔 사고 G가 2차를 가자며 어디론가 갔는데, 조금 취하더니 한마디했다. 야 그만 좀 얻어먹어 인마. 내가 산 맥주보다는 당연히 비싼 자리였다. 그렇다고 해서 내가 가자고 한 것도 아니었다. 농담이었는지, 취해서 생각 없이 나온 말인지, 둘 다인지, 알 수는 없었지만 나는 그 이후로 G에게 차마 먼저 연락할 수가 없었다. 생각해보니 언젠가부터 내가 먼저 연락하지 않으면 G는 연락하는 법이 잘 없었다.

점점 다른 친구들에게도 술 한잔하자, 라고 말하는 것이 두려워졌다. 최저 시급도 안 되는 나의 시급이 그들의 연봉과 맞추어지고 있었다. 그러니까 내가 시급 3,000원을 벌 때, 친구들은 연봉 3,000'만' 원을 벌기 시작했다. 그들이 보는 세상이 나의 세상과 달라졌(을 것이)다. 그렇지 않은 친구들이 여전히 더 많았겠으나, 대학원생으로서의 자기 검열과 방어가 점점 강해져갔다.

그런 친구는 진정한 친구가 아니야, 하고 치부해버리면 그만이지만 나름 굳건한 친구라고 생각했던 사이에 조금씩 벽이 쌓여가는 듯한 그 위화감은, 나를 더욱 외롭게 만들었다. 누구나 쉽게 말로 '진정한 우정'을 과시할 수는 있지만 정작 내 의지와 상관없이 세월과 거리가 벽돌을 쌓아가고, 그것을 치울 최소한의 시간 여유나 물질 비용이 없는 편이 항상 나 자신이라면, 정말이지 끔찍한 외로움이 몰려온다. 석사 1기부터 박사 4기를 수료하기까지, 참 많은 친구들이 내게서 멀어졌다. 누구의 탓도 아니다. 살다 보면 그런 것이다. 아직도 내 곁에 있는 몇 안 되는 친구들은 자신들이 스스로 비용을 대어 내가 보지 않는 사이에 눈앞에 쌓인 벽돌을 치워주었다. 그마저도 내 자기 위안일는지 모르겠지만…… 감사한 일이다.

9
"나는 반사회적인 인간이다"
외로움에 대한 이야기… 시간강사와 사회인

2012년 봄, 나는 박사과정을 수료했다. 받을 수 있는 장학금의 근거가 없어짐과 동시에 학과 조교의 의무 역시 없어졌다. 월 50만 원의 보수에 내 청춘을 바치지 않아도 된다고 좋아하기에는, 어느새 갓 서른이 되어 있었다. 피어난 적 없는 내 청춘은, 이제 대학원 사회의 가장 밑단을 넘어 '논문', '연구', '강의'와 같은 아카데미의 정글에 던져졌다. 학술지에 논문을 게재해 좋은 평가를 얻으면, 강의를 하고 박사 논문 인준의 기회를 얻을 수 있을 것이었다. 그것이 쉽든 어쨌든, 잠시 접어두고, 좀 쉬고 싶었다. 이 시기의 나는 공부가 아닌 다른 세상에 여기저기 기웃거리기 시작했다.

자전거를 타고 집 주변을 돌다 보면, 내가 몰랐던 생각보다 많은 것들이 있었다. 서른이 되어서야 비로소 내 주변의 풍경이 눈에 들어왔다. 나는 여전히 연구실에 나갔지만, 논문이 급하지 않으면 집에서 저녁을 먹으려 노력했다. 그러다가 집 근처의 초등학교를 지나던 중, 체육관처럼 생긴 건물에 환하게 불이 켜진 것을 보았다. 호기심에 가까이 가보았는데. 삑삑대는 운동화 마찰음과 건강한 웃음소리들이 새어 나왔다. 나는 체육관 문을 살짝 열어 대체 무슨 일이 벌어지고 있는지 몰래 눈을 가져다 댔다. 그리고 그 문틈 사이로는 새로운 세계가 보였다. 30대부터 50대까지의 남녀들이 모두 밝은 표정으로 운동을 하고 있었다. 나는 그 분위기에 취해 한참을 쳐다보다가, 문을 열고 들어갔다. 생각해보면, 참 내성적인 성격인 내가 그렇게까지 했다. 그러자 운동하던 몇몇 사람들이 내게 관심을 보였다. 그래서 나는 저도…… 저도 같이 운동하고 싶어요, 해버렸다. 그들은 와 신입 회원이다, 하며 나를 반겼고 그중 총무라는 사람이 내게 입회 원서를 쓰게 했다. 나는 다음 날부터 저녁 7시마다 추리닝을 입고 운동하러 갔다. 마침 학술진흥재단 등재지에 논문이 통과되어 주 네 시간의 강의를 시작하게 된, 2012년 가을이었다.

운동은 참 즐거운 것이었다. 무엇보다도 새로운 사람들을 만난다는 것이 내게 엄청난 에너지를 주었다. 말하자면, '사회인 동호회'라는 것이었는데, 그 운동을 좋아하는 그 지역의 젊은 사람들이 모여 만든 운동 클럽이었다. 어느 날은 야유회를 갔다. 버스를 타고, 잘 모르는 사람들과 근처 물가에 가서, 노래도 하고, 듣고, 술도 마시고, 놀았다. 그 경험이 눈물이 날 만큼 감사했다.

그렇게 몇 주가 지났다. 클럽의 총무가 나를 따로 부르더니 '레슨'을 받아야 한다고 했다. 운동을 할 공간이 부족한데 초보자는 레슨을 받는 것이 암묵적인 룰이고, 그래야 기존 회원들의 반발을 사지 않는다는 것이었다. 나는 레슨을 받겠다고 말했다. 레슨비는 주 2회, 한 달에 12만 원이었다. 거기에 5만 원의 월 회비가 있었다. 비로소 무언가 하려면 돈이 든다, 라는 생각이 들었다. 17만 원이면 내 한 달치 밥값보다 많았다. 나는 그래도 레슨비를 만들어 입금했다. 그런데 생각보다 배우는 것이 없었다. 코치라는 사람은 자신의 폼을 보여주고, 내 자세를 교정해주고, 그걸로 끝이었다. 무얼 더 바라겠느냐마는, 고작 10분도 안 되는 시간을 봐주고 그만한 돈을 받아 갔다. 두 달 정도 계속 레슨을 받다가, 아무래도 계속 받기는 힘들겠다 싶어서 총무를 만나 레슨을 그만두겠다고 했다. 그는 웬만하면 계속하는 것이 좋을 텐데, 라면서도 좋을 대로 하라고 했다. 도저히 돈이 없어서 그만두겠다고 할 수는 없었다.

클럽 사람들의 직업은 다양했다. 공무원이나 선생님이 가장 많았고, 대략 회사원, 공단 생산직, 자영업자의 순이었다. 직장이 없는 사람은 아무도 없었다. 한번은 술자리에서 그래 ○○는 직장 어디 다니니, 해서 네 □□대학교에서 강의해요, 하고 말했다. 얼마나 버는지 묻기에 대답해주었는데, 그때 그 분위기를 나는 아직도 기억한다. 모두 나보다 형과 누나, 30대 중후반에서 40대 후반까지의 나이였는데, 40대 누님이 외마디 비명을 지른 것부터 시작해서 정색하고 나를 보거나 측은하게 보는 표정까지, 다양했다. 내 월급에 대해 이야기한 것이 왜 그들을 불편하게 했을까, 나는 친한 누군가 이외의 사람에게 내 직업과 보수에 대해 이야기한 것이 처음이었다. 그 후 그들이 나를 대하는 것이 미묘하게 달라졌다. 레슨을 받지 않는 것에 대해서도 곱지 않은 시선이 느껴졌다.

운동을 하며 친해진 형이 몇 있었다. U는 나보다 다섯 살, S는 여섯 살이 많았다. 둘 다 공무원이었다. 그들은 운동이 끝나고 나면 나와 집으로 가는 방향이 같아 함께 걸었다. 그러다가 종종 근처 슈퍼에서 시원한 맥주 몇 캔을 사서 같이 마시자고 했다. 대학원 생활을 시작하고 처음, 누군가가 내게 술을 권했다. 그게 너무 좋아서 나는 한 번도 거절하지 않았다. 그들은 많이 바빠 보였지만 운동을 꼬박 꼬박 나왔고, 목요일이나 금요일이면 함께 술을 마시자고도 했다. 집 근처에 그렇게 맛있는 치킨집이 있었던 것도, 곱창을 파는 '맛집'이 있었던 것도, 처음 알았다. U는 장난스러운 구석이 많은 사람이었다. '단톡방'을 만들어 나와 S와 어떤 누님을 한 분 초대해 아침이면 굿모닝, 하고 자주 자기 근황을 재미 삼아 올려 분위기를 즐겁게 했다. 나는 동네에 그런 형이 생겼다는 것이 너무 좋아서, 괜히 단톡방을 열어보고 웃고는 했다. 우리는 가끔이었지만 운동과 관계없이 술자리를 따로 갖기도 했다. S의 제의로 나이트에 가기도 했는데, 경험이 처음인 나는 여기가 어디지 나는 누구지 하면서 S의 주도로 함께 마시고 놀았다. 나이트를 포함해 처음 두 번의 술자리는 U와 S가 나누어 냈다. 나는 세 번째 술자리를 대접하고 싶어서, 근처 치킨집에 자리를 만들고 지난번엔 사주셔서 정말 잘 먹었어요. 오늘은 제가 살게요, 했다. 그들은 아이고 고맙지, 라면서 좋게 술자리를 가졌다. 그런데 나가면서 계산을 하려고 보니 이미 U가 계산을 했다며 먼저 나와 있었다. 어 제가 산다니까 왜 그러셨어요 형님, 하니 아냐 뭘…… 하고 웃고 서로 헤어졌다. 그런데 네 번째 술자리에서 직장에 대한 이야기를 가볍게 하다가 내가 대학교에서 강의를 한다고 하니 U는 야 너는 뭘 가르치냐 혹시 뭐 공짜로 어디 가서 얻어먹고 그런 거 가르치냐, 라고 했다. 1년이 넘게 지난 일이지만 그 말이 아직도 토씨 그대로 머릿속을 맴돈다. 나는 화장실에 간다며 일어나서 술값을 계산했고, 한 번 더 술자리를 갖자고 해 먼저 계산하고 나왔다. 다음 날 단톡방에서 나오고, 그 뒤로 체육관에 가지 않았다.

생각해보면, '사회인'의 리그에 발을 들인 것이, 용기가 아니라 무모함이었다. '사회인 동호회'라는 것은 애초에 성실한 '사회인'을 대상으로 한 모임이다. 내가 한 달에 얼마를 번다고 솔직하게 이야기 했을 때 그들이 보였던 그 불편함은, 결국 내가 그들의 거리에 어울리지 않는 반사회적 인간이었기 때문이다. 고작 주 네 시간을 일하며 월 회비와 레슨비를 내는 데에 어려움을 겪고, 근사한 2차, 3차를 가는 데에 돈을 보태지 못하는 인간이 낄 자리가 아니었던 것이다. 나는 적당히 나이를 먹고서도 제대로 사회인의 구실을 하지 못하는 볼품없는 인간에 불과했다. 그리고 '사회인'의 거리에는 그들 나름대로의 '문법'이 있었다. U와 S가 나를 기다리지 못하고 계산을 하고 나간 것도, 세련된 사회인이라면 남들이 눈치채지 못하게 미리 계산을 해 대접받는 이들이 불편 없이 자리를 나가도록 배려했어야 하는 것이다. 그런 단순한 문법조차 모르고, 그들의 거리에 발을 들여 놓았다.

아마도 내가, 혹은 내 또래의 대학원생이나 시간강사들이 겪는 외로움의 근원이 여기에 있을 것이다. 나는 반(半)사회적인 인간이다. 학생도 아니고 사회인도 아니고, 그렇다고 번듯한 노동을 하는 것도 아니다. 그리고 나는 반(反)사회적인 인간이다. 다른 노동자와 비교할 수 없을 만큼 짧은 시간 표면적으로 노동하고, 사회가 원하는 소득과 소비 기준, 그 어느 것도 충족하지 못한다. 일주일에 네 시간 노동(강의)하고 월급을 받아 가는 것에 대해서는 많은 사람들이 비난한다. 강의 준비, 과제 첨삭, 개인 면담과 같이 드러나지 않는 노동의 시간이 오히려 더 길지만, 고려 대상이 되지 못한다. 사회성의 결여, 사회에서 함께 동시하고 있으나 동시하지 않고 있다고 느끼는 동시성의 비동시성, 이러한 외로움은 연애나 우정이나 가족애 같은 것으로는 극복되지 않는다. '사회적'이지 못한 존재는, 외롭다.

나는 만신창이가 되어 연구실로 돌아갔다.

10

"아직도 하고 있냐"
꿈과 현실에 대한 이야기… 친구 허벌에게

　석사과정생 시절에 나는 페이스북에 가입했다. 박사과정 선배 S가 보낸 초대 메일에 그저 아무 생각 없이 응한 것이다. 막상 초대한 선배는 몇 번인가 근황을 올리는 듯하다가 곧 탈퇴했지만, 나는 공부하는 일부 자료를 올리거나 기억하고 싶은 것들을 기록하는 용도로 종종 사용했다. 그러다가 SNS는 인생의 낭비다, 하는 누군가의 명언을 떠올릴 만한 일이 한 번쯤 벌어지고, 그러한 계기로 인해 계정을 닫는, 평범한 수순을 밟았다. 아마 별것 아닌 글에 대학원 선배 누군가가 반응했고, 술자리를 통해 행동을 조심하라는 이야기를 듣고, 계정을 닫거나 일부 공개로 전환했을 것이다.

　정말 오랜만에 페이스북에 다시 접속한 것은, 당시 연재하던 지방시를 왠지 친구로 등록된 같은 처지의 대학원생들이 공유하고 있지 않을까 하는 단순한 호기심 때문이었다. 실제로 내 글이 공유되고, 좋아요를 얻고, 아픈 공감의 댓글을 적당히 얻고 있었다. 특히 누군지 궁금해하는 글들이 많았다. 우린 예전부터 친구로 등록되어 있었어, 하며 쓰게 웃고 있는데 친구 요청이 한 통 도착했다. 연락이 끊긴 지 5년 정도 된 고등학교 친구, 내가 '허벌'이라고 부르던 녀석이었다. 성이 허씨였는데, 첫 만남 때부터 그냥 허벌이라고 부르면 되겠다 싶은 부담 없는 얼굴을 하고 있었다. 정말이지 반가워서 정신없이 수락 버튼을 누르고, 메시지를 보내 전화번호를 교환하고, 곧 통화에 들어갔다. 서른이 갓 넘어 소원했던 친구에게 연락이 오면 보통 '결혼'이나 '돌잔치' 초대 같은 것을 떠올리기 쉽지만, 이 친구는 그런 이유가 아니었을 것이고 내가 확인하고 싶은 것이 있었다.

　나는 고등학교 때 소설을 쓰겠다고 항상 책을 가지고 다니며, 노트에 무언가 끄적였다. 쓰고 싶은 소재가 생기거나, 어떤 좋은 표현이 떠오르면 기록했다. 오답 노트나 단어 암기장 대신 습작 노트를 곁에 두며 소설을 쓰고 여러 종류의 습작을 했다. 입학할 때 문과 3등 안에 들었던 성적이 어느새 반에서 3등으로, 그리고 다시 쭉쭉 떨어졌지만, 그다지 신경 쓰지 않았다. 누구나 서울대를 꿈꾸겠으나, 나는 인문학 전공이라면 어디나 상관없겠다 싶었다. 중학교 때부터 이미 그렇게 마음먹고 있었고, 고1 때까지도 의대나 법대보다 인문계열의 합격선이 더 높으리라 막연히 생각했다. 내가 대학원에 진학한 것도 지도 교수의 권유보다도 이미 나 스스로 생각하고 있던 바에 따른 것이었다.

그런데 나와 닮은 녀석들이 한 교실에 몇 있었다. 내 뒷자리에 앉은 C는 음악을 하겠다고 했는데, 항상 음표를 그리고 이런저런 코드가 어쩌고 하는 이야기를 했다. 나를 부를 때 야 작가, 하고 불렀는데 나는 그런 그가 좋았다. 한번은 나를 지역 청소년 문화센터에서 지원하는 자신의 밴드 공연에 초대해 다녀오기도 했다. 내게 작사를 부탁하기도 했는데, 뭔가 메탈한 음악이라고 하던가…… 내가 해줄 수 없는 일 같아 그만둔 기억도 있다. 허벌은 만화를 좋아해서 만화책을 자주 보고 애니메이션 같은 것에 대해 잘 알았다. 그래서 만화를 그리겠다는 것 같더니 시 한 편을 읽고서는 갑자기 문학을 하겠다고 했다. 모교의 문학 교사인 정희성 시인이 자신의 대표 시 〈저문 강에 삽을 씻고〉를 직접 낭독해준 일이 있는데, 그 후 그는 문학이 가진 힘에 매료되었다. 허벌은 'orphan2000'이라는 아이디로 인터넷에 종종 습작을 올렸다. 이러한 친구들이 내 곁에 있다는 것은 내색하지는 않아도 무척 감사한 일이었다. 그때는 정작 몰랐지만 시간이 흐르고 보니 서로를 지탱해주고 있었던 게 아닌가, 하고 추억 혹은 미화된다.

허벌은 고등학교 졸업 후 한동안 소원했다가, 내가 대학원에 진입했을 즈음 연락이 왔다. 애니메이션을 만들기 위해 공부 중이라고 했다. 그때 우리는 스물여섯이었다. 대부분의 또래들이 취업 준비에 바쁠 때, 나는 대학원에 갔고 그는 한국영화아카데미에 들어갔다. 우리는 아직 어렸고, 삶에 지쳐 그만둔다고 해도 아무도 비난하지 않을 것이었고, 그래서 큰 감흥 없이 서로를 격려했던 것 같다. 그래서 나는 다시 5년 만에 그와 통화하며 물었다. 첫마디는 살아 있냐, 하는 것이었고 다음으로는 아직도 하고 있냐, 하는 것이었다. 그는 당연히 아직 하고 있다, 고 대답했다. 나는 정말 기뻐서 야 이 미친놈아, 했고 만나서 더 이야기하자, 했다. 그 친구도 나에게 아직 글 쓰냐, 해서 아직 쓰고 있다 하니 역시나 너도 미친놈이네, 했다. 서른이 넘어 아직도 여전히 그 자리에 있다는 건,

그 자체로 격려받을 만한 일이었다.

정말 많은 친구들이 나는 무엇을 하겠다, 저것을 하겠다, 취업은 가치 없는 일이다, 하고 호기를 부리다가 자신이 그토록 혐오하던 일반 기업의 신입사원이 되어 오히려 자신을 변호하는, 그런 것을 지겹게 보아왔다. 그들을 비난할 수는 없다. 살다 보면 그렇게 되는 것이다. 나 역시 소설을 쓰겠다고 했지만, 대학 제도권의 우산 안에 들어와 연구하며 정해진 양식의 글을 쓰고 있다. 우리는 서로 근황을 조금 더 묻고 답하다가, 서른이 넘어 하는 여러 지키지 못할 약속 중 언제 밥 한번 먹자, 는 것이 대표적이었지 싶어서 아예 달력을 가져왔다. 나는 수업이 있는 목요일이 아니면 언제든 시간을 낼 수 있었고, 그 친구도 딱히 직장이 있는 것이 아니니 아무 때나 괜찮다고 했다. 참 만나기 쉬운 사이가 아닌가, 그래서 우리는 10월 8일, 한글날 하루 전에, '홍대 입구'에서 만났다.

허벌이 소주를 한잔 사겠다고 해, 홍대 기찻길 근처의 삼겹살집으로 갔다. 생삼겹살이 1인분에 만 원이 넘었는데, 그는 나에게 묻지도 않고 당연한 듯, 1인분에 5,000원 하는 벨기에산 냉동 삼겹살을 시켰다. 나는 그게 정말 마음에 들었다. 마음이 편했고, 정말 친구를 만나는구나, 하는 느낌이 자연히 들었다. 허벌은 의외로 말끔한 얼굴을 하고 있었다. 몇 년에 걸쳐 장편 애니메이션을 한 편 만들었고, 그 작업이 얼마 전 끝나서 어깨까지 내려오던 머리카락을 잘랐다고 했다.

그 역시 '반사회적인 인간'이었다. 정해진 출근 시간도 없고, 서비스 제공을 위해 대면할 사람도 없고, 무엇보다도 돈이 되는 일을 하는 것도 아니었다. 나도 사실 학기 시작을 앞두고서야 머리를 단정하게 자른다. 학기가 끝날 때쯤 되면 머리가 좀 길다 싶은데, 방학 동안 강의가 없으니 그대로 기르다가 다시 새 학기가 시작할 즈음에 머리를 손질한다. 1년에 두 번, 많아야 세 번 미용실에 간다.

그는 나에게 책 한 권을 내밀었다. 자신이 직접 쓴 것이라고 했다.

허범욱, 《창백한 얼굴들: 나는 왜 이 땅에서 애니메이션을 만들고 있는가》, 씨네21북스, 2013년 12월.

이게 뭐냐, 고 물으니 자신이 감독한 장편 애니메이션 〈창백한 얼굴들〉이 곧 개봉 예정이며 그 책은 의례히 쓰는 '제작일기' 같은 것이라고 했다. 그러니까 허벌은 계속해서 애니메이션을 공부했고, 결국 자신이 감독한 장편 애니메이션의 개봉을 앞둔, '감독님'이 되어 있던 것이다. 그간의 생활이 얼마나 혹독했을지는 물어보지 않아도 알 수 있었다. 하루에 두 개 이상의 아르바이트를 하며 그림을 공부했다고 했다. 자신이 청춘을 바친 곳에서 어떠한 형태로든 만족할 만한 결과물을, 성과를 내었다는 자체로 얼마나 훌륭한 일인가. 하지만 무엇보다 감사한 일은, 어찌 되었든 그가 서른둘이 되는 동안 항상 그 자리에 있었다는 점이다. '버텨냄'처럼 힘든 것도 없다는 것을, 나는 지난 석사 1기부터 박사 4기, 수료 후 강사 생활 등을 통해 뼈저리게 느꼈다. 그러한 친구와 앉아 술잔을 기울이고 있다는 것이, 정말 오랜만에 고양과 행복을 주었다. 나는 그에게 내가 2011년에 통과시킨, 제일 마음에 드는 논문을 한 편 선물했다. 서로 무언가 청춘을 바쳐 얻어낸 어떤 결과물을 전달할 수 있어서, 다행이었다. 혹은 누군가 아직 마음에 드는 무언가를 줄 수 없다고 해도 크게 상관은 없었을 것이다. 어쨌든, 버텨냈고, 버텨내고 있으니까…….

적당히 삼겹살을 2인분씩 먹고, 맥주를 한잔 더 하러 갔다. 허벌은 내게 단골집이 있는데, 맥주가 무척 싸다고 했다. 아니 뭐…… 맥주가 싸봤자 얼마나 싸고, 비싸봤자 얼마나, 아니 비싼 맥주는 한없이 비쌌던 것 같기는 하다. 그와 홍대를 지나 상수까지 걸었다. 고등학생 시절 교복 넥타이 휘날리며 함께 걷던 홍대 거리다. 이제는 영화 감독이 된 녀석과 십

수 년 만에 다시 걸으니 비로소 감회가 새로웠다. 그는 어느 가정집 같은 곳으로 나를 안내했는데, 내가 여기 뭐 간판은 어딨어, 하니 요즘 촌스럽게 무슨 간판이야 하고 웃었다. 정말 가정집을 개조한 것 같은 그곳은 빈 테이블 없이 손님으로 가득했다. 그래서 카운터 간이 의자에 앉았는데, 일회용 커피 컵에 맥주가 가득 담겨 나왔다. 한 잔에 1,500원이라고 했다. 안주도 5,000원이 넘지 않았다. 예술인이 단골로 삼을 만하네, 하고 웃었다.

그의 아이디는 앞서 이야기했듯 'Orphan2000'이었다. orphan, '고아'라는 뜻이다. 한동안 힘들었을 것이다, 외로웠을 것이다, 가끔은 죽고 싶었을 것이다. 100년 전에도 비슷한 아이디를 쓴 소설가가 있었다. 《무정》을 쓴 이광수다. 그는 고아가 되어 일본으로 건너가 홀로 유학했는데, 그의 필명은 항상 '고주(孤舟)', '외로운 배'라는 뜻이었다. 그가 일본에서 겪었을 생활고와 그에 따른 외로움을 상상하는 것은 그리 어렵지 않은 일이다. 그런데 그는 그런 과정을 통해 1917년 〈매일신보〉에 소설 《무정》을 연재할 기회를 얻는다. 〈매일신보〉는 당시 조선이라는 공간에 존재하는 유일한 신문 매체였다. 어째서 이광수가 그런 축복을 받았는가는 짐작할 수 없지만, 그는 자신의 결과물을 생산하고 유통해 최초의 장편소설가라는 칭호를 얻게 된다. 그즈음 그의 필명, 아이디는 '외로운 배'에서 '봄의 정원'으로 바뀐다. 춘원(春園), 급작스러운 태세 전환이다. 그토록 외로웠던 한 인간이, 버티고 버텨 청춘의 결과물을 내놓으며 그만큼 행복에 고양되었던 것이다. 그때부터 이광수는 조선 최고의 소설가로 우뚝서고, '춘원'은 그를 대표하는 아이디가 된다. 아마 허벌도 이제 '고아'라는 아이디를 고집하지는 않을 것으로 생각한다. 그에게 이광수에 대한 이야기를 해주자 무척 재미있어했다. 100년이라는 세월 이전의 인간과 이렇게 교감할 수 있는 청춘이라는 것도, 좋지 않은가 싶었다.

그래도, 앞으로도 외로울 것이다. 현실은 계속해서 돈으로, 세월로, 그 무엇으로 압박할 것이고 부모님의, 친척들의, 친구들의 눈치를 보는 것도 괴로운 일이 될 것이다. 하지만 언젠가 자신이 만든 따뜻한 정원 안으로 모두를 초대할 날을 기다린다. 조금씩 나무를 심고, 돌멩이를 골라내고, 물길을 내면, 그렇게 논문을 쓰고, 좋은 강의를 하고, 혹은 그림을 그리고, 시나리오를 쓰면 나의 정원이 완성될 것이다. 나무 하나만 덩그러니 있는 실망스러운 곳일지라도, 괜찮다. 계속해서 그곳을 가꿨다는 자체로 존경할 만한 정원사다.

함께 꿈꾸던 친구들은 서른이 넘어 다시 만난 자리에서 보통 자신의 과거를 철없던 행동으로 규정한다. 그리고 여유가 생기면 다시 시작할 '취미'로 '꿈'을 격하한다. 괜찮다, 살다 보면 그런 것이다. 비난할 만한 일도 아니고 오히려 '사회인'이 되었음을 축하해야 한다. 하지만 허벌과 같은, 혹은 제도권에 한 발 걸치고 있지만 여전히 반사회적 인간인 나와 같은 인간들과 대면했을 때, 그것을 철없음으로 여기는 일만은 없었으면 한다. 그것은 서로의 과거에 대한, 그리고 아직도 후진 기어를 넣고 있는 것처럼 보이는 과거진행형 인간에 대한 예의가 아니다. 우리도 어쨌든 자신이 선택한 도로에서 열심히 달리고 있다.

허벌과 나는 맥주 두 잔씩과 과일 안주 한 접시를 먹고, 다시 작별했다. 영수증에는 만 원이 채 안 되는 금액이 찍혀 있었다. 언제 다시 만날지는 기약이 없고, 서로 힘든 삶을 살아갈 것도 안다. 하지만 쉽게 포기하지 않고, 다시 버텨낼 것이라고 믿는다. 그래서 이 글을 허벌을 위해 쓴다. 그가 계속해서 좋은 애니메이션을 만들어내고, 그의 정원에 나를 초대해주길 간절히 바란다. 나 역시 그러할 것이다.

11

"발표가 이제는 좀
들을 만하네, 좋아요"
그렇게 대학원생이 되었다

    2008년 3월, 석사 1기 시절, 나는 세 개의 대학원 수업을 들었다. 지도 교수의 수업, 동일 세부 전공 교수의 수업, 지도 교수가 추천한 동일 세부 전공 외부 교수의 수업이 하나씩이었다. 나는 약간의 설렘과 기대, 두려움을 함께 가지고 1주차 수업에 들어갔다. 수강생은 다섯 명 내외였다. 수업은 교수의 연구실에서 진행되었는데, 교수가 8인용 테이블의 끝단에 앉고, 학기 순에 따라 차례로 앉았다. 나는 당연히 맨 끝이었다. 교수는 우리에게 수업 계획서를 한 부씩 나눠주었다. 그에 따르면 1주차 수업은 수업 계획 설명 및 강의 전반의 이해, 2주차 수업은 수강생의 발표, 3주차 수업은 수강생의 발표, 4주차 수업은 수강생의 발표, 5주차 수업은 수강생의 발표⋯⋯ 6주차도 7주차도⋯⋯ 8주차는 중간고사 기간이라 휴강, 그리고 다시 9주차부터 15주차까지 수강생의 발표, 16주에 이르러 종강이었다. 수업 계획서를 몇 번이고 훑어봐도, "수강생의 발표"만 눈에 들어왔다. 교수는 발표 순서를 정하자고 했다. 수강생이 다섯 명이고 13주가 발표 수업이었는데, 1주당 두 명씩 발표를 해야 했으니 1인당 평균 5회 이상의 발표를 맡게 되는 셈이었다. 2주차 발표는⋯⋯ 하고 교수가 우리를 둘러보았는데, 눈을 피해야 하나 아니면 제가 하겠습니다 하고 군대에서 이등병이 눈치껏 작업 나가듯 해야 하나 무척 고민스러웠다. 그때 내 바로 윗학기 선배인 L이 제가 하겠습니다, 했다. 그러자 교수는 웃으며 L이 관심 있는 주제니 잘 발표해줘, 했다. 그래서 나도 모르게 저도 하겠습니다, 하니 그래 L이 많이 도와주렴, 했다. 그 이후로 선배들의 눈치를 보며 정신없이 손을 들었다. 나머지 두 개의 수업도 사정은 마찬가지여서, 한 학기에 열 번이 넘는 개인 발표를 선물로 받아 들었다. 외부 교수는 갓 박사학위를 받은 젊은 교수였는데도 커리큘럼을 수강생 발표로 가득 채웠다. 배운 게 없는데 어떻게 발표를 하지, 하는 생각이 먼저 들었다.

내가 받아 든 첫 과제는 지도 교수가 연구한 어떤 작품의 한계와 성과에 대해 발표하는 것이었다. 막연히 작품을 읽고, 지도 교수의 논문을 읽고, 정리하면 되지 않을까 했는데 뭔가 대학원 수업이 주는 무게감과는 거리가 있어 보였다. L에게 묻자 그는 이런저런 조언을 해주었다. 요약하자면 작품이 실린 초기 판본 자료를 구해서 읽고, 지도 교수님이 쓰신 논문을 꼼꼼히 읽고, 그간의 연구 성과를 함께 정리하고, 너의 견해를 덧붙여 발표하라는 것이었다. 자료를 어떻게 찾을까 고민하고 있는데, L이 이번 한 번뿐이라며 원본 매체와 지도 교수의 논문을 내 연구소 자리에 올려두었고, 주목할 만한 연구자 몇을 메모해주었다. 감사한 일이었다.

학과 사무실 조교와, 연구소 조교와, 과목 조교와, 각종 잡일을 하느라 해가 떠 있는 동안은 과제를 할 시간이 없었다. 정규직들, 그러니까 교수와 교직원이 퇴근하고 나야 자료를 읽을 시간이 났다. 대학원생의 과제와 연구는 행정실과 강의실의 불이 모두 꺼진 후에 비로소 시작되는 것이었다. 사흘 동안 거의 밤을 새우며 첫 발표를 준비했다. 읽고, 읽고, 필요한 부분을 인용하고 다시 읽고, 생각하고, 썼다. 수업 당일에 함께 발표를 맡은 L과 학과 사무실에서 마주쳤는데, 그는 피곤함이 얼굴에 쉽게 묻어나는 스타일이었다. '다크 서클'이 정말이지 뺨을 덮을 만큼 내려와 있었다. 내가 웃으니 그는 너도 똑같은데 뭘 웃냐 들어가자, 했다.

떨리는 마음으로 첫 발표를 했다. 그런데 지도 교수는 시작부터 끝까지 별다른 반응이 없었다. 뭔가 코멘트를 기대했지만 그저 발표문만 들여다볼 뿐, 그리고 다른 선배들도 모두 뭔가 열심히 쓰고는 있는데 무엇을 하고 있나 싶었다. 그러다가 내가 선생님 이 부분은 제가 의미가 있다 싶어서 따로 인용을 했는데 한번 봐주시면…… 했고, 지도 교수는 그 부분을 읽고는 음…… 그래 잘 봤네 고생했다, 하고 한마디했다. 그렇게 내 첫 발표는 끝이 났다. 이어서 L이 발표했는데, 내가 쓴 것과 그다지 다른 점이 없어 보였지만 지도 교수는 깔끔하고 꼼꼼하게 잘 보았다고 칭찬했고 다른 선배들도 칭찬 일색이었다. 수업이 끝나고 먹먹한 발걸음을 옮기는데 L과 S가 나를 불러 세웠다. 그리고 자신들이 보던 내 발표문을 함께 내밀었는데, 여러 코멘트가 적당히 메모되어 있었다. 어떤 연구를 참조했으면 좋았겠다, 문장이 너무 길다, 이런 표현은 일본식 번역투다, 하는 식의 것들이었다. 연구소에 돌아와 차근차근 살펴보니 그들이 고쳐준 표현이 모두 내가 쓴 것보다 확연히 좋았다. 대학 제도권의 '문체'라는 것이 있고 그것을 익히는 게 우선이겠다, 하는 생각이 들었다.

　석사 1기가 끝나갈 무렵, 나는 열 번이 넘는 개인 발표를 모두 성실하게 해냈다. 조교 활동과 대학원 수업을 도저히 물리적으로 병행할 수 없을 것 같았는데, 그래도 어떻게든 한 학기를 마무리 지었다. 외부 교수는 10주차쯤에 이르러 내게 ○○씨 발표가 이제는 좀 들을 만하네, 좋아요, 라고 했는데 그 말을 지금도 잊을 수가 없다. 첫 주차에 그렇게 낯설었던 논문의 문체와 형식이, 질감이, 조금이나마 익숙해졌다. 그렇게 대학원생이 되어갔다. 언젠가 술자리에서 L과 몇몇 선배들에게 많이 조언해주셔서 고맙습니다, 하니 누군가 석사 1학기 때 네 논문은 정말 소설 한 편 보는 것 같았어, 해서 모두가 웃었다. 반박할 것 없이 나도 공감하는 바였다.

　석사 4기, 박사 4기의 대학원 과정 생활 동안 많은 대학원 수업을 거쳤다. 돌이켜 보면, 석사과정에 할당된 발표는 대부분 기존의 연구사를 요약하거나 간단한 자료를 보고 나름대로 정리하는 것이었고, 박사과정의 경우는 주로 소논문의 각 챕터를 완성해 학기 말에 완성된 한 편의 논문을 제출하는 것이었다. 수강생의 발표로 90% 이상이 구성되는 것은 어느 수업이나 다름이 없었다.

하지만 기억에 남는 수업과 그렇지 않은 수업이 있다. 좋은 수업을 하는 교수는 수강생의 발표 수준에 맞춰 그에 따른 피드백을 해 준다. 분야의 권위자와 주목할 만한 신진 연구자를 소개해주고, 학계의 최신 동향을 일러준다. 어느 부분을 수정하면 어느 학회에 투고할 만한 수준의 논문이 될 것이라는 것을 한눈에 포착해 조언한다. 하지만 그렇지 않은 교수가 더 많다. 그저 대학원생의 발표에 전적으로 의존해 수업을 진행한다. 누구를 위한 것인지 모를 의미 없는 발표가 이어진다. 제대로 된 피드백도 없이 그래 고생했어요 이 책은 다 읽어봐야죠, 하는 식으로 수업이 끝난다. 자신이 장악하지 못한 텍스트를 과제로 내고 함께 토론한다는 명목으로 오히려 대학원생의 시각에 끌려다니기도 한다. 이건 아래에서 주도하는 학술 세미나지, 더 이상 학기에 500만 원씩 지출하며 듣는 대학원 수업이 아니다. 내가 기억하는 최악의 교수는 자신이 쓴 논문과 관련 자료를 들고 와서 수업을 진행했다. 논문을 정말 못 썼던지라 석사과정이었음에도 불구하고 한숨이 나왔다. 자신이 비싸게 주고 산 자료라며 바리바리 들고 와 만져보게 했는데, 이게 조선시대에 직접 유통되던 물건들의 목록이에요, 했다. 그게 도대체 연구 자료로써 어떠한 의미가 있는지는 종강할 때까지도 듣지 못했다.

대학원 수업을 학부 수업보다 편하게 여기는 교수들이 많다. 어떤 교수는 대학원 수업인데 담배 한 대 태우면서 편하게 합시다, 하기도 했고 또 어떤 교수는 지방대까지 출강이 힘들다며 격주로 수업하는 것이 어떤지 묻기도 했다. 이런 것은 '편함'이 아니라 '우스움'이다. 학생에 대한 두려움이 전혀 없는 것이다. 석사 3기 생만 되어도 첫 주차에 오간 몇 마디로 교수에 대한 내부 평가가 끝난다. 그가 해당 분야의 권위자인가, 주목할 만한 신진 연구자인가, 혹은 그에 준하는 성과를 곧 낼 만큼 열심히 연구하고 있는가. 무엇보다도, 우리와의 수업에 진지하게 임할 것인가. 둘 모두라면 진심으로 감사한 일이고, 하나만 충족해도 그런대로 좋은 일이고, 모두 아니라면 서로에게 불행한 일이다.

내 지도 교수를 비롯해, 양질의 수업을 성심껏 해준 여러 선생님들께 이 자리를 빌려 깊이 감사드린다. 인문학을 사유하는 방법론과 제도권의 문체에 익숙해졌고, 무엇보다도 연구자의 자세가 어떠해야 하는가를 배웠다. 그렇게 대학원생이 되었다.

12

"한번 해보겠습니다"
학위논문 주제를 선정하다

    2009년 봄, 나는 석사 3기에 접어들었다. 선배들은 나를 만나면 논문 주제는 정했는지, 무엇에 대해 쓸 것인지 궁금해 했다. 대학원의 석사과정은 4학기까지이고, 그 이후부터는 초과 학기다. 4학기에 논문을 제출하지 못하면 '석사 수료' 상태가 되는 것이고, 논문을 제출해 심사에 통과하면 '석사 졸업'이 된다(박사의 경우도 동일하다). 석사 졸업이 되어야 비로소 박사과정에 진입할 수 있다. 결국 논문이 있어야 다음 단계로 넘어갈 수 있는 시스템이다. 지도 교수와 그가 선임한 내부 교수 둘, 이렇게 세 사람이 논문을 심사한다. 모두가 기준 이상의 점수를 주면 논문이 인준된다.

　석사 논문은 보통 5학기에 제출하거나, 빠르면 4학기, 늦으면 7~8학기까지 가져가기도 한다. 논문의 제출 시기는 본인의 의지, 능력, 그러나 무엇보다도 학풍에 따른다. 내가 속한 학과의 경우 모든 석사과정생들에게 4학기까지 논문 제출을 요구한다. 조금이라도 젊어야 교수 인력 시장에서 유리하다는 이유다. 하지만 같은 문과대학의 다른 학과의 경우 6학기 밑으로는 논문을 받아주지 않는다. 거의 모두가 7학기, 늦게는 9학기까지도 석사 논문을 쓴다. 쉽게 쓴 논문은 받아주지 않는다, 라는 내용이다. 무엇이 옳은지는 잘 모르겠다. 전공 특성에 따라 석사 논문이 연구자로서의 첫걸음이 되기도, 그저 단계를 밟아가는 형식적 의미가 되기도 한다. 우리 학과의 경우 4학기를 권장하고, 늦어도 6학기까지는 모두 석사 논문을 제출하게 했다. 처음에는 6학기 이상을 가져갔다고 들었으나, 최근 여러 학교에서 4학기 석사학위가 쏟아져 나오기에 불이익을 주지 않기 위해 방침을 바꾼 모양새다. 지도 교수는 종종 석사 논문은 앞으로의 연구를 버텨내기 위한 연습이다, 감당하지 못할 만큼의 힘을 쏟지 마라, 그저 하나의 주제를 잘 정리해내는 것만으로도 훌륭한 것이다, 라고 했다.

나는 대학원에 입학할 때부터 'A'에 대한 것을 주제로 삼겠다고 마음먹었다. A가 내 전공의 여러 분야에 끼친 영향이 적지 않아 보이는데, 관련 연구가 전혀 없었다. 그래서 나름대로 관련 논문을 찾아 읽으며 틈틈이 공부했다. 그리고 석사 3기 어느 날 수업 시간, A에 대해 논문을 쓰겠노라고 연구 계획서를 내밀었다. 지도 교수와 선배들의 반응이 아직도 기억나는데 A는 무척 중요한 주제다, 하지만 연구자가 거의 없다. 다루기 힘들기 때문이다, 남들이 하지 않는 데는 이유가 있다, 평범한 주제를 잡으면 어떻겠느냐, 하는 내용이었다. 나는 주눅이 들어 다시 생각해보겠습니다, 했는데 수업 후 지도 교수의 호출이 있었다. 굳이 하고 싶으면 한번 해보라는 것이었다. 자신은 A에 대해 이러저러하게 생각하는데 어찌 되었든 쉽지 않을 것, 이라고도 덧붙였다. 한번 해보겠습니다, 하는데 지도 교수의 책상 위에 있는 어떤 자료가 보였다. A에 대한 것이었다. 선생님, 저건…… 했더니 아, 누가 새로 나온 자료라고 두고 갔는데 하편이 없어서 그다지 연구 자료로서 가치는 없다, 고 했다. 하편을 찾으면 논문을 써도 되겠군요, 그렇지 근데 찾기가 쉽겠니 저걸로 논문을 쓴다면 아직 학계에 다뤄진 바가 없는 자료니까 학계 기여도가 높은 논문이 되기는 하겠지, 네 알겠습니다.

나는 지도 교수의 방에서 본 자료 'B'의 하편에 대한 정보를 얻기 위해 전국의 도서관을, 몇 나라의 도서관을, A와 관련한 연구의 각주 하나하나를 검색했다. 당연하지만, 딱히 성과가 없었다. 그래서 나는 직접 발품을 팔기로 했다. 조교장에게 자료를 찾기 위해 이틀만 휴가를 내겠다고 했더니, 역시나 불가하다는 대답이 돌아왔다. 그래서 그에게 지금까지 내가 조교 생활을 성실하게 했다고 생각한다, 근무는 L이 바꿔주겠다고 했으니 이틀만 시간을 달라, 고 했다. 석사 4기쯤 되어 갖게 된 어떤 의뭉스러움의 임계치가 아니었나 싶다. 조교장은 내게 학위논문과 관련한 것이니 특별히 허락하겠다고 했다. 옆에서 입을 삐죽이던 두 학기 위의 선배가 그런 법이 어딨냐고 나를 성토했다는 것을, 시간이 지나 술자리에서 전해 들었다. 여담이지만, 함께 술자리에 있던 L이 너는 학위논문 안 썼냐, 적어도 그런 걸로 문제 삼지는 말자, 고 했다는데 L에 대한 감사함을 그때처럼 느껴본 일이 없었다.

13

"자네, 혹시 삼계탕 좋아하나"
학위논문 자료를 수배하다

석사 3기, 2009년 어느 늦은 봄날에, 나는 이틀간의 휴가를 내고 경기도의 작은 박물관을 찾았다. 석사학위논문에 쓸 자료 B를 찾기 위함이었다. 아직 발굴된 자료가 아니었고, 그에 따라 학계에서도 그저 이런 책이 있다더라, 하는 언급만 있었다. 하지만 내가 쓰고자 하는 주제와 직접적으로 관련된 자료였고, 만약 책을 발굴해낸다면 무척 의미 있는 논문을 쓸 수 있을 것이었다.

보통 석사 논문에는 누구도 큰 기대를 하지 않는다. 학술적 기여도를 따지는 것은 박사 논문부터고, 그가 연구자의 깜

냥을 갖추고 있는지, 요즘 젊은 연구자들의 경향이 어떤지를 참조하는 지표로 이용되는 정도다. 하지만 그와는 별개로 누구나 잘 쓰고 싶은 욕심이, 학계에서 한 번쯤 문제적인 논문이 되길 바라는 욕망이, 있다. 나 역시 그랬기에, 세상에 없는 책을 찾아보겠다고 나선 것이었다. 괜한 시간낭비일 확률이 높았다. 하지만 그래도 괜찮다고 생각했다. 내 청춘을 바쳐 쓰는 한 편의 승부인데, 작은 후회를 남기고 싶지 않았다.

박물관의 전경은 생각보다 아담했다. A와 관련된 자료만을 소장한 개인 박물관이었기에 큰 규모가 아닐 것이라고는 생각했지만, 예상보다도 더 작았다. 심호흡을 한 번 하고, 초인종을 눌렀다. 소녀의 기도 멜로디가 반쯤 울렸을 때, 중년의 여자가 누구세요, 했다. 누구, 라고 대답해야 할지, 이렇게 초인종으로 대면할 것이라고 생각지 못했기에 무척 당황스러웠다. 잠시 정신을 놓았다가 네, 저는 모 대학에서 A에 대해 연구하고 있는 대학원생입니다, 논문을 위해 자료를 찾고 있는데 도움을 얻을 수 있을까 해서 왔습니다, 했다. 딱히 대답이 없다가, 몇 초의 시간이 흐른 뒤 문이 열렸다. 외부의 누군가에게 나는 언제나 타인의 입을 빌려 '잡일하는 아이'로 소개되었고, 이처럼 연구자로서 자기 고백을 해보기는 처음이었다. 돌계단을 오르는 발걸음이 무척 무거웠다.

중년의 여성이 자리에서 일어나 내게 적당한 경계심이 섞인 인사를 보냈다. 내가 인사하자 그녀는 어떻게 왔는가를 정식으로 물었다. 그래서 나는 석사학위논문을 준비 중인 모 대학의 대학원생인데 어떤 책을 소장하고 계시면 도움을 좀 받고 싶다고 대답했다. 그녀는 잠시 인상을 찌푸리더니 잠깐 계세요, 하고 '관장실'에 들어갔다. 아마 근무자는 그렇게 두 사람인 듯싶었다. 나는 기다리며 박물관 내부를 천천히 살폈다. 대부분의 공간이 서가로 되어 있고, 내가 평소에 보고 싶어 했던 여러 책들이 가득 꽂혀 있었다. 돈을 주고 살 수 있는 것이 아니라, 복사된 것만도 수십만 원을 호가하는 그런 책들이었다. 원본보다는 복사본이 많았지만, 복사본조차도 흔하지 않은 자료들이어서 나는 그저 그 자체로 무척 행복했다. 그러다가 그녀, J 선생이 나에게 들어오세요, 했다. 나는 비로소 박물관장과 대면할 수 있었다.

대단히 나이가 많은, 팔순도 넘었을 거야, 싶은 노인이 힘겹게 의자에 앉아 있었다. 꽤나 큰 체구였고, 백발과 뿔테 안경이, 그리고 정갈하게 갖추어 입은 양복이 인상적이었다. 그 뒤로는 3단짜리 책장이 하나 있었는데, 언뜻 봐도 밖의 자료들과는 비교할 수 없을 만큼 가치 있는 것들이었다. 특히, 오래된 책에서 나는 그 매캐한 냄새, 그것이 자욱하게 방을 채우고 있었다. 그래, 어떤 책이 보고 싶어서 왔다고 했나, 하는 카랑카랑한 목소리가 들렸다. 나지막하고 느리지만, 힘이 실려 있었다. 나는 정말이지 90도로 인사를 했다. 그리고 나는 A를 연구하는 대학원생인데, 그 관련 자료인 B를 찾고자 한다. 여기까지는 J 선생에게 말한 바와 같았다. 하지만 한마디를 덧붙였는데, A는 아직 제가 공부하는 분야에서 다루어진 바가 없지만 저는 그것이 대단히 중요한 주제라고 생각한다, 만약 자료를 찾는 데에 도움을 주시면 꼭 A 연구에 보탬이 될 수 있도록 최선을 다하겠다, 는 내용이었다. 그렇게 이야기하고 대답을 기다리는데, 그가 웃었다. 소리내어 웃은 것은 아닌데 분명 입가에 미소가 번졌다, 고 나는 기억하고 있다.

 C 관장은 내게 소파에 앉을 것을 권하며 먼저 마주 앉았다. 그리고 긴 이야기를 시작했다. 내가 이북에서 내려올 때 이야기네, 그때는 나도 젊었고, 자네도 알 만한 K 선생과 동행했지, 함께 내려와서 자리를 잡았어. 그의 이야기를 듣다가 나도 모르게 몰래 휴대폰의 녹음 버튼을 눌렀다. 그도 그럴 것이 도저히 혼자 듣고 있을 수 없을 만큼, 사료적 가치가 있는 구술이었다. 내가 어릴 때, 아침에 눈을 뜨면 마당에 〈매일신보〉가 있었고, 나는 4면의 소설을 읽는 것으로 하루를 시

작했지, 그때는 눈도 참 좋았어. 아쉽게도, 급히 누른 녹음 버튼은 제대로 작동하지 않았고, 그가 30여 분에 걸쳐 한 구술사는 그저 내 추억으로 남고 말았다. 그리고 끝내 그는,

"그 자료는 아마 이 뒤 책장에 있을 것이네, 누가 찾아왔다고 보여 주고 하지는 않는데 자네가 마음에 들어"

했다.

아, 그러니까, 아직 학계에서 본격적으로 연구된 바가 없는 그 책을, 유일하게 소장하고 계신 것이고, 내게 열람을 허락하신다는, 이야기였다. 나는 고양된 여러 감정들, 나는 이제 잡일 돕는 아이가 아니라 연구자야, 이 책으로 좋은 논문을 써서 모두를 놀라게 해줄 거야, 하는 것들을 꾹꾹 눌러 담으며, C 관장이 일어나 녹슨 열쇠를 들고 개인 서가로 다가가는 것을 지켜보았다. 오래된 책 냄새 때문인지 코끝이 시큰거렸다.

C 관장은 서가의 1단을, 2단을, 3단을, 꽤나 오랜 시간 동안 살폈다. 내가 초인종을 누른 지도 어느새 두 시간이 지나 있었다. 무엇을 하나, 하고 창문 너머 곁눈질을 하던 J 선생이 들어오며 관장님 식사 하셔야죠, 했다. 그런데 C 관장은 답이

없다가, 책이 없어졌어, 라고 했다. 얼굴이 무척 상기되어 있었다. 아마, 짧은 시간 사이 내 얼굴도 덩달아 꽤나 상기되었을 것이다. J 선생이 내게, 선생님 잠시만요, 해서 관장실 밖으로 함께 나왔다. 그녀는 우선 C 관장이 자료 열람을 허락했다는 데에 놀라며, 자료 거의 안 보여주시는데…… 했다. 그리고 책이 없어진 것은 정말 큰일이라고 했는데, 모아둔 자료에 대한 애착이 강해서 만약 찾지 못하면 대단히 충격을 받으실 것이라는 내용이었다. 중풍이 심해지실지 모른다는 말을 덧붙여서, 나는 무척이나 복잡한 심경이 되었다. 괜히 자료를 찾겠다고 평온한 박물관을 들쑤신 것이 아닌가, 싶었다.

J 선생은 다시 관장님 식사하셔야죠, 했는데 여전히 답이 없자 나에게 같이 밥을 먹자고 했다. 내가 아니 그래도 관장님은 어떻게…… 하자, 이럴 땐 아무 말도 안 들으시니 일단 우리라도 밥을 먹고 와서 찾아보자, 고 했다. 그래서 나는 J 선생과 근처 식당에서 백반을 먹었고, 이런저런 이야기를 주고받았다. 그녀도 A 연구자였는데, 다른 전공인 내가 왜 그에 대한 연구를 진행하는지 궁금해했다. 내가 이유를 말하자, 관장님이 기분 좋은 이유가 있었네, 하고 자료를 꼭 찾아보자고 했다. 첫 인상은 〈B 사감과 러브레터〉를 떠오르게 할 만큼 고압적인 데가 있었지만, 참 좋은 사람이었다.

우리는 밥을 먹고 돌아왔다. C 관장은 그때까지 개인 서가를 꼼꼼히 뒤지고 있었다. J 선생이 우리는 지하실을 찾아볼게요, 하고 나와 함께 내려갔다. 지하실에도 책들이 가득 쌓여 있었다. 우리 셋은 오후 5시까지 박물관을 정말이지 샅샅이 뒤졌는데, 성과는 없었다. 굳이 의미를 찾자면, 이 박물관 어디에 뭐가 있는지 알게 되었다는 것, 그리고 둘과 어찌 되었든 깊은 인연이 되었다는 것, 이겠다.

다음 날 오전 9시, 나는 근처 찜질방에서 잠을 자고 다시 박물관에 갔다. 정문 앞에서 조금 기다리자 J 선생이 C 관장을 모시고 출근했고, 함께 책을 찾기 시작했다. C 관장의 안색이 어제보다 좋지 않아서, 이제는 내 논문은 뒷전이고 그저 이 책을 찾아야겠다는 일념이었다. 둘에게 정말이지 미안해서 간절하게 서가를 탐색했다.

얼마나 책과 책 사이를 돌아다녔을까, 아무런 제목이 없는 작은 단행본 하나가 눈에 들어왔다. 두꺼운 자료들 사이에서 간신히 숨만 쉬고 있는 듯했다. 어, 이거 왠지…… 하고 조심스레 빼냈는데, 아, 찾았다, 찾았어요, 하고 나도 모르게 소리를 질렀다. J 선생이 뛰어왔고, 이게 맞나 하며 C 관장에게 책을 들고 갔다. C 관장은 살펴보더니 음, 이게 맞네…… 하고 웃었다. J 선생도 웃고, 나도 웃었다. 어느새 12시가 다 되어 있었는데 C 관장이 내게 물었다.

"자네, 혹시 삼계탕 좋아하나."

C 관장을 모시고 식당으로 가는데 J 선생은 어머, 정말 선생님이 사시는 건가요, 웬일이에요 어머, 했고 C 관장은 다시 첫날의 안색으로 돌아와 있었다. 나는 에어컨을 틀어드리려다 실수로 라디오 버튼을 눌렀는데 C 관장이 내게 아니, 내가 제일 좋아하는 방송인데 자네가 이걸 듣나, 했다. 사실 지역이 바뀌며 라디오가 제멋대로 전파를 잡아 평소에 듣지 않는 방송이 나온 것이지만, 굳이 아니라고 할 필요가 없을 것 같아서, 예 종종 듣습니다, 하고 웃었다. 그렇게, C 관장이 즐겨 듣는 라디오 방송이 울려 퍼지며, 모두가 저마다 행복했다. 백미러로 보니 C 관장은 잔잔하게 웃고 있었다. 5년이 넘게 흐른 지금도, 그날의 대화 하나하나가, 분위기가, 공기의 질감이, 선명하게 떠오른다.

C 관장이 책의 열람뿐 아니라 복사까지 허락해주어 나는 복사본을 들고 학교로 돌아왔다. 지도 교수는 의미 있는 석사학위논문이 가능할 테니 열심히 쓰라, 고 격려했고, 선배들

은 그래도 계속 공부할 녀석이네 잘했다, 고 한마디씩 던지고 갔다.

이제 논문만 쓰면 되었다. 나는 책을, 읽기 시작했다.

14

"걔들도 힘들었대, 하고 적혀 있었다"

학위논문을 쓰다

    석사 3기 과정이 끝나가고 막 여름방학에 접어들던 2009년 어느 초여름, 연구소에 앉아 자료의 첫 페이지를 조심스레 넘기던 때의 설렘과 뿌듯함을, 아직도 그 질감 그대로 기억한다. 내가 C 관장의 후의를 입어 열람하게 된 자료 B는 그간 발굴되지 않은 것이었기에 연구자 웹 데이터베이스에도 그 디렉토리가 없었다. 내가 쓰는 석사학위논문이 본격적인 첫 연구인 셈이어서 나는 무척 고무되어 있었다. 적어도 동시대에서 최초로 이 자료를 보는, '연구자'인 것이다. 단어, 문장, 페이지, 삽화, 광고, 여백, 그 모든 것 하나하나가 너무나 소중하게 다가왔다. 나보다 수 세기를 먼저 살았던 그 시기의 필자들이 내게 우리 잘 부탁해, 하고 손짓하는 듯했다. 비로소 '연구'라는 것의 무게가 실감이 났다. 내가 1차 자료를 어떻게 읽고, 분석하고, 결론짓는가에 따라, 이 자료의 연구 방향이 결정되는 것이다. 고작 석사학위논문일 뿐이지만 어떤 자료의 선행 연구를 하겠다고 나선 만큼 내가 가진 포지션에 걸맞지 않은 무게감을 잔뜩, 짊어졌던 것 같다.

자료를 가지고 돌아온 그날부터, 나는 늘 그 책과 함께했다. 보존 상태가 그다지 좋지 않은 데다가 아주 작은 활자로 되어 있어 눈이 아팠다. 돋보기를 들고 뭉그러진 한자를 보며 이게 무슨 글자인지 한참을 고민하기도 했다. 그래도 어떻게든 읽어나갔다. 한문학을 공부하는 후배 C가 큰 도움을 주었다. 도저히 알 수 없어 들고 찾아가면 그는 그 형태만을 보고도 음을 척척 짚어냈다.

나는 여전히 세 과목의 수업을 듣고 학과 조교와 연구소 조교 일을 병행했지만, 억울해서라도 하루에 몇 페이지씩을 반드시 읽었다. 연구소에서 밤을 새거나 잠을 자기도 했는데 책상 두 개를 붙여놓으면 그런대로 올라가 잠을 잘 만했다. 그러다가 어느 페이지에 어떤 글이 있는지 외울 만큼 책과 친해졌을 무렵, 이만하면 논문을 써도 되겠지 싶었다. 그래서 목차를 구성해 지도 교수를 찾아갔다. 학위논문의 지도와 심사는 전적으로 지도 교수의 몫이다. 주제 선정부터 목차와 챕터 구성, 논문의 방향에 이르기까지 그의 허락이 필요하다. 지도 교수는 목차를 보고는 연구 주제와 대상이 명확하고 뭘 해야 할지 알고 있는 것 같으니 열심히 써서 다음 학기에 다시 보자, 라고 했다. 방학 동안 적어도 본론 두 챕터를 완성시켜야 석사 4기에 본심을 볼 수 있을 것이라는 말도 덧붙였다. 나는 많은 지도를 부탁드립니다, 하고 나왔다.

　좋은 자료를 구했고, 목차가 완성되었고, 지도 교수의 허락도 받았다. 논문을 쓸 모든 준비가 갖추어진 셈이고, 이제 쓰기만 하면 되었다. 그런데 생각보다, '쓴다'라는 일이 너무나 어려웠다. 나는 그때까지 글로 인해 스트레스를 받아본 일이 거의 없었다. 중학교 시절부터 습작을 했고 내 글에 대한 자부심이 언제나 있었다. 그런데 논문을 쓴다는 것은 전혀 다른 작업이었다. 이 반복되는 표현들을 어찌해야 할지, 어떠한 수사를 사용해야 할지, 과거 시제를 쓸지 현재 시제를 쓸지, 이 단어가 여기에 들어가도 될지, 글쓰기의 기초부터가 흔들렸다. 문단은커녕 문장 하나를 쓰는 일도 힘들었고, 이 단어가 내가 알던 단어인가, 싶을 만큼 단어 하나를 선택하는 것마저 두려웠다. 도저히 진도가 나가지 않았다. 답답해서 옥상으로 올라가면 나처럼 멍한 얼굴로 하늘을 보거나, 담배를 피우거나, 하는 문과대학 대학원생들이 항상 몇 있었다. 한 학기 선배인 L도 자주 그 무리에 끼어 있었다. 그와는 꽤 오랜 시간 논문에 대해 이야기하곤 했는데, 둘 다 입으로는 논문을 참 쉽게 잘도 썼다. 어떻게 구성할지, 새로 찾은 자료에는 어떤 의미 있는 내용들이 있는지, 술술 나왔다. 하지만 모니터 앞에만 앉으면 손가락이 굳었다.

간신히 밤을 새서 A4 용지 반 쪽 정도를 쓰면, 다음 날 열어 보고 하 뭐 이런 쓰레기를 글이라고 썼지, 하며 모두 지워 버렸다. 그리고 다시 밤을 새서 한 쪽을 쓰고 다음 날 모두 버리는, 그런 아무 의미없는 일이 반복됐다. 말할 수 없는 자괴감이 밀려왔다. 그래도 그렇게 꾸역꾸역 글을 써나가니 석사 2기가 시작될 무렵에는 간신히 한 챕터가 완성되었다. 그리고 두 번째 챕터를 쓰는 동안, 논문의 문어체적 수사가 조금씩 익숙해지기 시작했다. 맴돌기만 하던 이야기들을 정갈하게 텍스트로 표현할 수 있게 된 것이다. 물론 서툴렀고, 다음 날 다시 어제의 글들을 휴지통에 넣기는 했으나, 이제는 버리는 글의 양이 조금씩 줄어들었다.

표현이 자유로워지니 이제는 논문의 전개가 발목을 잡았

다. 아무리 자료를 읽어도 내가 풀어낼 수 있는 수준에는 한계가 있었다. 고작 석사과정 3기의 경험으로는 연구 주제와 시기에 대해 도저히 통찰해낼 수가 없는 것이었다. 여러 책들을 내 앉은키 높이만큼 쌓아 두고 키보드에 손을 얹고 있는데, 나아갈 방향이 보이지 않는다. 새벽이 밝아오고 어느덧 9시가 되어 학부생 조교가 출근하며 아니 형님 또 밤새우셨어요, 한다. 나는 대답할 기운조차 없다. 어느 날은 눈물이 주룩, 떨어져서 한참을 엎드려 있기도 했다. 심지어는 내가 이 자료를 얻게 된 것이 서로에게 불행한 일이다, 싶었다. 좀 더 좋은 연구자에게 이 자료가 들어갔다면 대단히 의미 있는 논문을 썼을 것이다, 나는 왜 감당할 수 없는 것을 들고 스스로 무너지고 있나, 해서 몹시 서글퍼졌다.

예비 심사를 앞두고 지도 교수를 찾아가 선생님 논문이 많이 힘듭니다, 했다. 석사학위논문의 인준은 10월의 예비 심사와 12월의 본 심사로 이루어진다. 하지만 지도 교수는 지금처럼 쓰면 예비 심사는 무리 없이 통과하겠고 본심사도 크게 문제는 없겠구나, 하며 어떤 해답을 제시해주었다. 답은 자료에 있을 테니 자료를 더 읽어라, 정말 그렇게 한마디 했다. 그래서 나는 모니터를 끄고 '읽기'를 시작했다. 내 머리로 생각하는 것을 멈추고 '그들'의 이야기를 읽었다. 그러다 보니 무언가 조금씩 밝아지는 기분이었다. 지금까지 나는 그다지 잘난 것 없는 내 머리로만 논문을 쓰려고 했다. 그런데 내가 기대야 할 곳은 내 머리가 아닌 '그들'의 목소리였다. 첫날 내게 잘 부탁해, 하고 웃었던 그들이 잘 돌아왔어, 하며 다시 나를 반겼다. 그때부터 조금은 보람 있게 밤을 새우기 시작했던 것 같다. 그리고 무엇보다, 나 스스로 즐겁고 행복했다.

밤을 새우다 보면 새벽 5시쯤, 더 이상 한 단어조차 읽을 수도 쓸 수도 없게 되는 어느 순간이 온다. 정신적 한계가 오는 것이다. 그런데 한 시간 정도를 버텨내면 다시 몸이 정상으로 돌아온다. 그러면 신기하게도 한숨 푹 잔 것처럼 다시 반나절을 버틸 수 있었다. 그렇게 이틀 밤을 새우고 집에 들어가면 온몸이 후줄근했다. 무엇보다도 배가 고파서 나는 라면 두 개를 끓여 찬밥을 두 주걱쯤 넣어 참치와 김치와 계란과 섞어서 정신없이 먹고, 침대에 쓰러져서 잤다. 몸이 축나는 것이 느껴졌다. 그러면서도 논문이 조금씩 완성되어가는 것이 그저 좋았다.

한번은 논문의 핵심 부분에서 서술이 막혀 사흘 정도 진도가 나가지 못했다. '그들'이 왜 그랬을까, 하는 것을 아무리 생각해도 답이 나오지 않았다. 논문의 방향을 모두 바꿔야 할지도 모른다는 두려움에 목이 타들어갔다. 어느 날도 자료를 보다가 깜빡 잠이 들었는데 갑자기 꿈에 필자가 나와서 뭐라고 한마디 하고 사라졌다. 나는 비몽사몽 필사적으로 뭔가를 메모하고 다시 잤는데, 일어나서 보니 알아보기 힘든 글씨로 개들도 힘들었대, 하고 적혀 있었다. 이게 뭐야, 하고 잠에서 깨자마자 헛웃음이 나왔다. 우스운 이야기지만, 그것이 그런대로 답이 되어 다시 논문을 쓸 수 있었다. 그만큼 간절하게 살아갔다.

예비 심사, 예심은 지도 교수의 연구실에서 진행되었다. 문을 두드리고 들어가니 지도 교수를 포함한 세 교수가 의자에 앉아 있었다. 지도 교수를 제외한 다른 교수들이 이 정도면 괜찮죠, 하니 지도 교수도 네 괜찮은 논문입니다, 했다. 예심은 그걸로 끝이었다. 함께 예심을 본 동기들은 30분씩 시간이 걸리기도 했는데, 나만 그렇게 일찍 끝이 났다. 예심을 본 동기 몇과 함께 학교 앞에서 소주 한잔을 하며 나는 나대로 이게 무슨 심사야, 하고 불만이 있었고 30분이 걸린 동기는 동기대로 논문을 이번 학기에 쓰라는 거야 말라는 거야, 하고 불만이 있었다. 나는 다시 논문을 썼다. 12월의 본 심사는 예심의 데자뷔와도 같았다. 대신 지도 교수는 나를 따로 불러 여기저기 포스트잇을 붙인 본심 원고를 주었는데, 문장 표현 같은 것들의 지적이 주가 되어 50여 군데쯤 되었다. 그것들을 꼼꼼히 고쳐 최종 제본을 맡겼다. 내 동기들도 모두 각자의 자리에서 좋은 논문을 완성했다.

    2010년 봄, 나는 제본된 논문을 들고 서울 본가를 찾았다. 어머니와 아버지께 한 권씩, 내 이름으로 된 석사학위논문을 드리며 이거 이천만 원짜리 책이에요 고맙습니다, 했다. 대학원 학비와 생활비는 조교 활동과 아르바이트와 학자금 대출을 더해 내가 부담했다지만, 부모님이 나를 믿어주지 않았다면 버틸 수 없었을 것이다. 누구보다도 부모님께 감사한 일이다. 나중에 다시 집을 찾았을 때 아버지 서가의 가장 좋은 자리에 내 논문이 꽂혀 있었다. 내가 가만히 그걸 보고 있자 어머니는 아버지가 저거 며칠 동안 정말 열심히 읽으시더라, 하고 말씀해주셨다. 아버지는 나의 공부에 대해 아직 한마디도 내색하신 바가 없지만, 내 논문을 가장 꼼꼼히 읽은 독자이고, 앞으로도 그럴 것이다.

    논문을 쓰는 동안 C 관장을 한 번도 찾아뵙지 못했다. 그것이 못내 죄송해 논문을 드리며 삼계탕을 꼭 대접하고 싶었다. 박물관에 전화를 걸자 여보세요, 하는 반가운 목소리가 들렸다. 저 ○○입니다, 하자 J 선생은 아니 그동안 왜 이리 연락이 없었어요 잘 지냈나요, 했다. 학위논문이 통과됐으니 다음 주에 찾아가 논문을 직접 드리려 한다, 고 하자 J 선생은,

"C 관장님이…… 돌아가셨어요"

했다.
나도 모르게 네? 하고 크게 반문했다. J 선생은 말을 이었다. 그래도 ○○ 선생이 찾아올 때만 해도 기분이 좋으셔서 박물관도 자주 나오시고 했는데…… 나는 그저 죄송합니다, 하는 말만 연신 했다. 전화를 끊고 인터넷을 검색해보니 노환으로 불과 한 달 전쯤 돌아가셨다는 기사가 몇 건 나왔다. 논문을 들고 박물관을 다시 찾았지만 J 선생 홀로 자리를 지키고 있었다. 그녀는 내게 보고 싶은 자료가 있으면 언제든 찾아와요, 라고 했지만 도저히 다시 찾을 용기가 나지 않았다. 논문을 쓸 때마다 C 관장의 연구를 인용하려 노력하는 것이, 내가 지금 할 수 있는 일의 전부다. 바쁘다는 핑계로 한 번 찾아뵙지 못하고, 가시는 길에 인사조차 드리지 못한 것이 언제나 아프고 죄송스럽다.

논문을 쓴 과정을 무척 거창하게 서술했지만, 지금 내게 석사학위 논문은 '부끄러움' 그 자체다. 아마 내 논문을 읽어본 사람이라면 그다지 잘 쓴 논문이 아니었던 것 같은데, 하고 생각할는지도 모른다. 그 당시에 내가 할 수 있는 최선이라 생각하고 썼지만, 지금 다시 보면 '선행 연구자'로서의 몫을 제대로 해내지 못했다. 뿌듯함은 잠시이고 부끄러움, 아쉬움, 안타까움, 이런 감정들이 그 자리를 대신했다. A와 관련한 연구에 세 번 정도 내 석사학위논문이 피인용된 것을 보기는 했으나 그것이 확인했을 내 한계에 그저 민망하다. 하지만 연구소에서 밤새 시공간을 넘나들며 '그들'과 대화하던 석사 시절의 경험은 너무도 행복하고 소중한 것이고, 지금도 나를 버티게 해주는 가장 큰 힘이다. 내가 대학이라는 제도권을 쉽게 벗어날 수 없는 이유이기도 하다.

나는 지금도 A를 주제로 몇 편의 논문을 쓰고 있다. 누구나 정규직을 원하고, 교수가 되고 싶어 한다. 하지만 스스로 부끄럽지 않은 연구자가 되는 것이 먼저라고 생각한다. 그래서 그러한 꿈을 이루기까지는 계속…… 대학에 있을 것이다.

15

"그래도 자네 살 만했지?"
연구원 등록이라는 '희망 고문'

2010년 여름, 나는 박사 수료생 선배 R에게 갑자기 호출되었다. 나와는 나이도 학기도 꽤나 차이가 나는 그가 나를 왜 찾을까 궁금했는데, 그의 목소리가 몹시 좋지 않았다. 그날은 주말이었고 나는 약속이 있어 서울에 있었다. 오늘 좀 보자는 그의 말에 저녁 약속을 취소하고 터미널에서 버스를 탔다. 내려가는 몇 시간 동안 황당하고, 두렵고, 뭔가 싶은 여러 감정이 뒤섞였다. 무언가 짚이는 게 없는 것은 아니었지만, 설마 싶었다.

R은 나의 인사를 받는 둥 마는 둥 하더니 빈 강의실로 나

를 데려갔다. 그리고 낮은 목소리로 물었다. 너 교수님이 연구비 안 챙겨준다고 선배에게 찾아가서 내놓으라고 했다며, 미쳤냐.

내가 걱정했던 일이 맞았다. 불과 사흘 전에 있었던 일이다.

대학원생은 조교 활동을 통해 학교에서 주는 장학금을 받을 수 있지만 등록금의 반도 안 되는 금액이다. 나머지 등록금과 기타 생활비 등을 충족해주는 것이 바로 '연구 인건비'다. 국가나 기관에서 연구 프로젝트 공모를 하면 교수들은 연구소나 개인의 업적을 정리해 연구 계획서를 제출한다. 그것이 통과되면 사업비를 받아 연구를 진행하며 박사급 석사급 연구원을 둘 수 있다. 많으면 월 120만 원 정도, 적으면 월 60만 원 정도의 연구 인건비가 책정된다. 대형 프로젝트를 여러 개 수주해 한도까지 인건비를 주며 많은 대학원생을 연구원으로 두는 교수들이 있다. 이런 대학원은 활기가 넘치고 연구 성과도 꾸준히 나온다. 하지만 프로젝트에 관심이 없거나 혹은 인연이 없거나, 그러면 그러한 처지에 놓인 대학원생들은 당장 등록금을 내는 것이 막막해진다.

나는 불행히도 후자에 속했다. 2008년 3월 석사과정에 들어선 이후, 2014년 10월 박사과정 수료생이 되기까지 그 어느 프로젝트에도 연구원으로 이름을 올리지 못했다. 내 지도 교수는 훌륭한 학자였으나 내가 대학원에 입학한 이후로는 새로운 프로젝트를 거의 진행하지 않았다. 석사 새내기 시절 한 학기 선배인 L에게 조심스레 물어 알게 된 것은, 과거에는 대형 프로젝트를 많이 수주해서 모든 대학원생들이 혜택을 받기도 했다, 하지만 지금은 그런 분위기는 아니라는 것이다. 언제부터인가 인문학 관련 프로젝트가 상당히 줄었으며, 그나마도 정권이 바뀌고 특정 학교에 집중되고 있는 것 같다, 고도 했다.

석사 3기쯤 되었던 때, 어느 날 조교장이 나를 불러 물었다. 새로운 프로젝트가 진행될 예정이라 연구원이 두 명 필요한데 들어올 생각이 있느냐는 것이다. 내 지도 교수가 아닌 다른 교수가 진행하는 것인데, 그쪽엔 이미 인건비를 다들 받고 있어서 다른 세부 전공 대학원생을 연구원으로 등록하겠다고 했다. 생각하고 말고 할 내용이 아니라서 네, 할 수 있어요. 라고 했다. 그는 내게 외부에서 받고 있는 연구 인건비가 있는지 물었다. 나는 당연히 없다고 했는데, 생각해보니 어떤 선배들은 다른 대학교의 교수가 진행하는 프로젝트에 이름을 올려 연구비를 받고 있기도 했다. 그나마도 인맥이 있어야 가능했다. 조교장은 내게 곧 연락이 갈 테니 기다리라고 했다. 나는 정말 기뻐서 그날 맥주 몇 캔을 사 와 치킨을 먹으며 자축했다. 다음 학기에는 학자금 대출을 받지 않아도 될 것 같아서 그게 정말 기뻤다.

하지만 한 주가 지나고, 거의 한 달이 지나도 그에게서는 연락이 없었다. 그래 연구비라는 게 그렇게 쉽게 받을 수 있는 게 아니겠지, 이름을 올리고 이것저것 서류상 작업을 하는 데만도 시간이 많이 걸릴 거야, 괜히 물어봐서 기분을 상하게 하지 말고 기다리자, 그렇게 생각했다. 기다리다 지쳐가던 무렵, 후배 P와 함께 맥주를 한잔하다가 프로젝트에 대한 이야기가 우연히 나왔다. P는 지난달부터 한 달에 50만 원씩 연구비를 받게 되었다고 했다. 나는 순간 어라, 싶어서 그를 쳐다보았는데 그는 이런, 실수했다, 하는 표정을 지었다. 나는 애써 웃으며 괜찮으니 누구와 함께 연구비를 받게 되었는지 물었고, 그는 자신의 동기 D가 1년짜리 연구원으로 함께 등록되었다고 어렵게 말했다. 석사급 연구원이 월 50만 원을 받아봐야 1년에 600만 원, 등록금의 반을 간신히 상회하는 정도다. 인건비로 책정할 수 있는 최소 비용일 것이다. 어떻게 끝났는지 모를 술자리가 끝나고, 다음 날 나는 조교장을 찾아갔다.

몇 년이 지났지만, 그때 조교장과 나눈 대화 내용은 지금도 생생하다. 어제 P에게 들었는데 저번에 말씀하신 프로젝트 있잖아요 P와 D가 받게 된 건가요, 응 그런데 뭐, 제가 걔들보다 선배…… 제가 받을 순번이라고 생각하고 있었는데 왜 그렇게 됐는지 싶어서요, 그걸 내가 어떻게 알아 교수님들께서 알아서 하시는 거지 근데 너 나한테 지금 시비 걸러 왔냐, 아닙니다 죄송합니다. 조교장과의 대화는 그리 길지 않았다. 나는 그에게 사과하고 학과 사무실 문을 닫고 나왔다. 그게 사흘 전에 벌어진 일의 전부였다.

나를 호출한 선배 R은 꽤 긴 시간 동안 꽤나 상기된 얼굴로 나를 나무랐다. 요약하자면, 연구비는 선생님들께서 다 생각하고 책정하시는 건데 네가 뭐라고 거기에 왈가왈부하느냐, 어련히 챙겨주시지 않겠느냐, 넌 대학원에 다니는 이유가 돈을 벌기 위한 것이냐, 먼저 인간이 되어야 하지 않겠느냐, 너에게 정말 실망이다, 하는 것이었다. 나를 세워놓고 속사포처럼 쏟아지는 말의 주먹에 나는 그저 죄송합니다, 죄송합니다, 연신 고개를 조아렸다. 얼마나 시간이 지났을까, 그가 나가고 혼자 남았다. 의자에 앉아 속에 응어리진 한숨을 토해내는데 눈물이 쏟아져 나왔다. 그래서 혼자 한참을 울었다.

집에 돌아가려는데 R에게 다시 전화가 왔다. 술 한잔하자는 것이었다. 난 아무 생각 없이 네 알겠습니다, 했다. 그는 내게 지금처럼 열심히 학과 일을 돕고 공부하면 좋은 일이 있을 것이라고 했다. 그는 내 잔에 계속 소주를 부었고, 나는 그저 묵묵히 네, 네, 알겠습니다, 하며 받아 마셨다. 어느덧 소주를 서너 병 비워갈 무렵, 누군가가 들어왔다. 조교장이었다. R이 부른 것이었다. 이 자리가 어떤 자리인지 이해가 되었다. 나는 왠지 모르게 눈물이 다시 나서, 제가 정말 잘못했습니다, 죄송합니다, 잘못했습니다, 하고 몇 학기 위의 조교장에게 울며 빌었다. 그렇게 '훈훈하게' 해프닝이 마무리되었다. 나중에 알게 되었지만 그 프로젝트에는 학부생 연구원의 자리도 있었는데, 연구를 보조한 어느 학부생 둘에게 월 40만 원씩이 지급되었다고 했다. 나는 쓰게 웃고 말았다.

그 후 나는 한국장학재단을 통해 학자금 대출과 생활비 대출을 꼬박 한도까지 받았다. 이자가 걱정되기는 했으나 숨 쉬고 살아갈 비용이 당장 필요했다. 프로젝트를 진행한다느니, 연구원이 몇 명 필요할 것이라느니, 가끔 그런 이야기가 들려왔지만 그때부터는 흔들리지 않고 살았다. 그런 희망 고문에 상처받거나, 괜히 연루되어 오해를 사고 싶지 않았다.

시간이 흘러 박사 4기, 햇살이 좋았던 어느 날 점심, 나는 몇 년 전 내게 연구원 자리의 제안이 들어온 프로젝트를 진행했던 선생님과 식사를 함께하고 있었다. 학과 사무실에서 행정 근무를 보고 있는데, 그가 갑자기 들어와 자네 밥이나 같이하지 내가 밥때를 놓쳐서 말야, 했다. 마침 나도 밥을 먹지 못한 터라 감사한 일이었다. 교직원 식당의 백반을 먹으며 그는 내게 이런저런 것들을 물었다. 조교 생활도 거의 끝나가는데 힘들지는 않았는지, 앞으로의 계획은 어찌 되는지, 논문은 몇 편이나 썼는지, 하는 것들이었다. 그러다가 그는 내게 그래도 자네는 연구원으로 계속 등록되어 있었으니 좀 지낼 만했지, 하고 물었다. 나는 다른 것들에 대해서는 아닙니다, 힘들긴요, 논문은 열심히 쓰고 있습니다, 하고 웃으며 답했는데, 연구비에 대한 부분에서는 숨이 막혔다. 몇 년 전의 일이 다시 떠올랐다. 그래서 나는 아닙니다 선생님, 저는 연구원으로 등록된 적이 한 번도 없습니다, 하고 말했다. 그러자 그는 그럴 리가 있느냐며 이해할 수 없다는 표정으로 나를 쳐다보았는데, 밥이 잘 넘어가지 않았다.

학자금 대출 이자를 갚고 어떻게든 생활비를 마련하기 위해 고군 분투했다. 편의점 야간 아르바이트, 물류 창고 아르바이트, 중학생 내신 과외, 할 수 있는 것들을 다 했다. 그러면서도 학과 대소사의 잡일은 언제나 나와 대학원생들의 담당이었다. 영수증 증빙을 위해 찍은 행사 사진의 한편에는 어김없이 내가, 그리고 내 또래의 대학원생들이, 귀퉁이의 어느 부분에서 후줄근한 모습을 하고 있곤 했다.

    이런 내 생활을 교수들이 응원하거나 격려하고 있을 것이라고 막연히 생각했다. 서른이 다 된 제자의 이러한 삶에 연민과 동정을, 무엇보다도 내색하지 않는 공감을, 응원을 마땅히 보낼 것이라 믿었다. 하지만 내게 돌아온 것은 그래도 자네 살 만했지, 하는 것이 전부였다. 그것이 나를 지탱해온 어느 한 부분을 사정없이 무너뜨렸다. 그다지, 살 만하지 않은, 삶이었습니다…… 정말로요.

    제 욕심이지만 어느 날 제 손을 잡고 따뜻한 목소리로 그동안 많이 힘들었지, 선생님도 알아, 그래도 잘했어, 고맙다. 이렇게 한마디 해주시면…… 좋겠어요.

16

"결국 나도 비겁한 인간인 것이다"
내가 만난 학부생 조교들

나는 지금까지 많은 학부생 조교들과 함께 일했다. 학기마다 학과 사무실에 두 명, 연구소에 한 명이 배정되었으니 내가 대학원생 조교로 근무했던 2008년부터 2012년까지를 헤아려보면 대략 30여 명에 이른다. 재주가 많아서 사무실에서 비트박스를 선보이던 09학번 D, 남자친구가 학과 사무실에 쳐들어와 장미꽃 100송이를 바치게 만들었던 07학번 J, 내가 우울해 보였는지 오후 2시에 술 한잔하러 가요 형님…… 했던 04학번 S(그날은 나도 에라 될 대로 돼라 하고 연구소 문을 닫고 2시부터 술을 먹으러 갔다. 3년간 단 한 번의 일탈이었다), 끊임없이 책을 나르던 중 이게 똥이지 책인가요…… 했다가 결국 박사과정 선배에게 욕을 들어 먹었던 03학번 C, 아프리카 사람에게 꼭 시집가겠다던 10학번 K, 그렇게 저마다 사연도 많고 개성 넘치는 아이들이었다.

학부생 조교가 하는 일은 사무실과 연구소의 업무 보조, 예컨대 수업 자료를 복사하고, 걸려 오는 전화를 받고, 고장 난 컴퓨터를 고치고, 매뉴얼에 따라 청소하고, 우편물을 수령하러 가는, 말하자면 온갖 잡일이었다. 좀더 풀어 말하면 대학원생 조교가 잡일을 담당하고 학부생은 잡일을 '보조'하는 모양새다. 그렇게 한 학기 동안 9시부터 5시까지 모든 공강 시간에 학과 사무실에서 근무하고 80만 원의 근로 장학금을 받는다. 선발권은 학과장이 가지고 있고, 그 기준은 그때그때 다르다. 어떤 교수는 집안 형편이 어려운 학생을 우선으로 뽑았고, 어떤 교수는 자신이 좋게 본 학생을 내정했으며, 또 어떤 교수는 조교장에게 선발을 위임하기도 했다. 연구소 조교의 경우에는 연구소장이 내게 마음 맞는 학부생이 있으면 추천하라고 해서 그렇게 했다. 학부생 조교로 선발된 학생들은 모두 진심으로 기뻐했고, 자신들이 선택받은 것에 대해 무척 감사해했다. 대부분의 학생들이 성실하게 일해주었다.

2008년 봄, 석사 1기 시절, 나는 학과 사무실의 대학원생 막내였다. 오전 8시부터 오후 5시까지는 의무적으로 학과 사무실이나 연구소에서 근무했다. 그런데 학부생 조교들 역시 공강 시간을 제외하고는 사무실에 몸이 매여 있었다. 학부생 조교들은 평균 15~20학점을 들으며 일주일에 20시간 이상 근무했다. 그러면 한 학기가 10주인데 중간고사 기말고사 기간에는 근무가 없어 대략 13주, 도합 260시간 넘게 일하고 80만 원을 받아 가게 된다. 지금도 이러한 시스템이니 최저 시급에는 한참 못 미치는 액수다. 나는 조교장에게 조심스레 학부생 조교들이 일하는 시간을 모두 합해보면 최저 시급도 못 받는 것 같네요, 했다. 그는 알아, 그런데 우리는 뭐 받고 일하냐, 지금까지 그렇게 해왔고 당연히 또 그렇게 하는 거지, 하고 답했다. 그의 말을 요약해보면 대학원생도 같은 처지이고, 지금까지 그렇게 해왔고, 그러니까 당연하다, 라는 것이었다. 나는 여기에 동의하는 것이 옳지 않은 일이라고 생각했지만, 할 수 있는 일이 없었다. 나는 구조의 밑바닥에 있는 '개인'이었고, 조직의 관행과 싸울 용기를 가지고 있지 않았다. 내 몸 하나 건사하기도 힘들어서 그저 아 그렇네요, 하고 마는 것이 고작이었다. 어쩔 수 없지, 하는 조교장 역시 나와 같은 심정이었을 것이다. 그나마 우리 학과는 형편이 나았다. 계절학기까지 알뜰하게 출근시키는 학과도 적지 않다고 해서, 나는 욕이 튀어나왔다.

나는 학부 시절 친하게 지내던 04학번 S를 연구소 조교로 추천했다. 그리고 그를 만나기 전에 학생 복지처에 들러 학부생 조교 근로 규정집 같은 것이 있는지 물었다. 교직원은 아 그거 인터넷 게시판에 있으니 다운받으세요, 했다. 대략 서너 쪽 되었던 것 같은데, 여러 가지 규정들이 세밀하게 나와 있었다. 내 눈에 들어온 것은 학부생 조교의 한 학기 근무 시간은 ○○시간으로 정한다, 라고 명시되어 있는 부분이었다. 모든 직장에 근로 규칙이 있는 것처럼 대학에도 근로 장학생 규칙이 있었다. 대략 계산해보니 우리 관행대로 그들을 부리면 중간고사 이전에 근로 시간을 모두 채워 퇴직시켜야 했다. 무척 화가 났다. 이렇게 근로 규정집이 있고 최대 근로 시간이 명시되어 있는데, 그 누구도 이것을 찾아보려 하지 않고 지키려 하지 않는다. 이것은 명백한 노동 착취다. 대학원생 조교들 역시 같은 처지에 놓여 있지만, 학부생 조교들과의 관계에서는 중간 관리자의 입장이다. 적어도 그들의 근로 규정을 준수해줄 의무가 있다.

S에게 근로 규정집을 보여주고 우리 연구소의 근로 방침을 함께 말해주었다. 나는 근로 규정에 따르는 것이 맞다고

생각하지만 공강 시간을 제외한 모든 시간에 근무를 서야 한다는 관행을 이겨낼 수가 없다, 그래서 너에게 최저 시급 이하의 근무를 강요할 수밖에 없다, 싫다면 그만두어라, 미안하다, 했다. S는 공강 시간에 딱히 갈 데도 없고 연구소에서 공부하며 근무를 서겠다고 쾌활하게 말했다. 나는 그에게 고마움과 미안함을 동시에 느꼈고, 글을 쓰는 지금에 와서 돌이켜 보면 몹시 부끄럽다. 잘못된 것을 알고도 그 어떤 저항도 하지 못했고, 나를 믿고 함께 일하겠다고 온 학부생 조교에게 관행을 강요했다. 조금 한가한 날 오늘은 일찍 퇴근해, 하는 것이 내가 할 수 있는 일의 전부였다. 결국 나도 비겁한 인간인 것이다.

웃으며 들어왔던 S는 웃으며 나가지 못했다. 이렇게 일이 고될 줄 몰랐다고 했다. 여러 일들이 있었는데, 연구소에서 발행하는 잡지를 전국 대학으로 발송할 때에는 S와 함께 밤늦게까지 야근을 했다. 책이 도착하면 주차장에 내려가서 2층 연구소까지 들고 나르고, 학교 마크가 있는 봉투에 이중 포장을 하고, 라벨지를 하나하나 붙이고, 시내 우체국에 가서 전국으로 발송했다. 남은 책을 담아둘 박스를 항상 구해야 했는데, 우리는 함께 편의점, 카페, 학생 식당 등을 찾아 다녔다. 박스를 질질 끌고 다니는 것을 본 후배들이 오빠 박스 주우러 다니세요, 하니 S는 연구소에 들어와 저 이제 학교 어떻게 다녀요 좋아하는 애였는데 진짜 책임질 거예요, 하고 반쯤 진심으로 화를 내기도 했다. 그렇게 야근을 하고 나면 나는 그와 함께 치킨에 맥주나 삼겹살에 소주를 한잔했다. S는 함께 술을 마시며 무슨 일이 있어도 대학원에 진학하는 일은 없을 것, 이라고 항상 말했다.

교수들은 종종 학부생 조교들에게 대학원에 올 생각이 없는지 넌지시 묻곤 했다. 하지만 곁에서 대학원생들을 지켜본 학부생 조교들이 대학원에 진학하는 일은 많지 않았다. 오히려 대학원을 꿈꾸었던 학생들이 실망하고 취업을 준비하는 것을 몇 차례 보아왔다. 대학원 신입생이 갈수록 줄어들자 어느 교수는 대학원생들이 선배다운 모습을 보여주지 못하니 그런 것 아니냐, 고 힐난하기도 했다. 나는 대학원생의 처우 개선이 우선되어야 합니다, 하고 올라오는 말을 간신히 삼켰다.

학과 사무실과 연구소가 이렇게 학부생 조교를 '착취'하는 동안, 각 대학 본부 사무실 역시 그에 뒤지지 않았다. 어느 부처를 가도 먼저 인사하는 것은 학부생 조교들이다. 이걸 왜

이 아이들이 하고 있지, 싶은 일도 한다. 도서관의 서가마다 책을 나르고 정리하는 역할 역시 학부생들이 도맡는다. 사무실, 연구소, 기숙사, 대학의 어디를 가든 학부생 근로 장학생들이 있다. 결국 값싼 학부생의 노동력으로, 대학 사무의 최전선이 지탱되고 있는 셈이다.

대학은 기업보다 한발 앞서, 비정규직 시스템을 성공적으로 구축해냈다. 더 이상 정규직 교직원을 선발하지 않는다. 조금 젊은 얼굴이 보인다 싶으면, 예외 없이 2년 계약 비정규직이다. 작년에 안면을 튼 동갑내기 교직원이 있어서 함께 밥을 먹었는데, 그는 내게 여기 20대, 30대 교직원 중엔 아무도 정규직이 없더라고요, 했다. 입사한 지 몇 주 되지도 않았는데, 그는 벌써 이직을 준비하고 있었다.

교수 선발에 있어서도 정년 트랙, 비정년 트랙이라는 용어가 만들어졌다. 정규직과 비정규직을 일컫는 대학가의 신조어다. 정년을 채운 교수들이 퇴임하면 기다렸다는 듯 그 자리를 지우고 비정년 트랙 강의 전담 교수를 채워 넣는다. 그리고 '해임'한다. 대학은 나름대로의 신자유주의적 생태계를 구축해가고 있는 것이다. 학부생과 대학원생, 심지어는 졸업생의 값싼 노동력으로 행정의 최전선을 채운다. 4대 보험이나 퇴직금 명목조차 없는 4개월짜리 계약서를 받아 든 시간강사들이, 2년짜리 비정년 트랙 교수들이 강의의 대부분을 책임진다.

그리고 그 물결 안에서 나는, 함께 일한 학부생 조교들을 위해 아무것도 하지 못했다. 나는 피해자인 동시에 방관하는 가해자였고, 학부생 조교들은 온전히 피해자의 몫을 떠안았다. 수료 후 시간강사가 된 지금도 내가 할 수 있는 일은 없다. 아니 정확히 말하면 용기를 내지 못한다. 나는…… 비겁한 인간이다.

17

"미안해 꾸마우더리"
학자금 대출

한국장학재단의 학자금 대출 제도가 없었더라면 나는 대학원 공부를 마칠 수 없었을 것이다. 가입하고 클릭 몇 번만 하면 학자금 전액을 대출해주는 감사한 제도다. 추가로 100만 원의 생활비 대출까지 받을 수 있어서 그것 역시 늘 함께 신청했다. 내가 대출받을 때의 이율은 6% 정도였다. 학생을 대상으로 하는 대출치고는 좀 과하지 않은가, 싶지만 그때는 그게 비싼지 싼지 고민도 없이 그저 원리금, 원금, 균등 납입, 어쩌고 하는 생소한 용어들을 휙휙 넘겨버리며 대출 버튼을 눌렀다.

한 학기 등록금이 500만 원 정도 되었으니 생활비 대출 100만 원을 더 하면 600만 원, 1년에 1,200만 원씩 고스란히 빚으로 쌓였다. 그렇게 석사과정 4기, 박사과정 4기를 수료하고 내 나이 스물아홉, 학자금 대출 원금만 4,000만 원에 이르렀다. 한 달에 몇천 원씩 나가던 이자가 곧 몇만 원이 되고, 십몇만 원이 되고, 어느새 이십몇 만 원까지 늘었다. 한 번에 그런 금액이 나가는 것이 아니라 한 달 내내 어느 날은 만 원, 어느 날은 오천 원, 그리고 갑자기 오만 원, 이렇게 통장에서 돈이 빠져나갔다.

학자금 대출 이자 상환이 자주 밀리자 언제부턴가 문자가 아닌 전화가 오기 시작했다. 상환을 독촉하는 것도 아니고 사흘 후에 이자 납입일이니까 준비해두세요, 하는 식이었다. 박사과정이 거의 끝나 가던 어느 늦은 가을날로 기억하는데, 사흘 후에 이자 납입일이니 꼭 신경 좀 써주세요, 하고 전화가 왔기에 네 알겠습니다 자주 연체가 되어 죄송합니다 그런데 얼마를 준비하면 되나요, 하고 물었더니

"네, 천육백 원이에요"

하고 답했다.

나는 혹시 금액을 잘못 들은 게 아닌가 싶어서 두 번을 재차 확인했다. 수화기 너머에서는 네 천육백 원이 맞습니다 고객님, 했다. 나는 천육백 원 때문에 이렇게 전화까지 하시는 건 좀…… 너무하잖아요…… 고작 이렇게 말하고 전화를 끊었다. 수화기 너머에서도 딱히 뭐라 말이 없었다. 연구동 옥상에 올라가서 한참 멍하니 하늘을 바라봤다. 너무도 초라한 인생이다, 싶었다. 매뉴얼에 따라 일괄적으로 전화하며 벌어진 일이겠지만, 그래서 전화 주신 분께 대한 원망은 전혀 없었지만, 그저 조금 서글펐다. 서른이 넘은 한 인간이 1,600원의 이자 때문에 독촉 전화를 받는 것은 아무래도…… 제대로 살아가고 있는 인생인지 의심스러워서, 사실 '좀 많이' 서글펐다.

연구실에 돌아온 나는 굿네이버스 홈페이지에 접속했다. 나는 석사과정 수료 후, 2년 넘게 네팔의 '꾸마우더리'라는 어린아이를 정기 후원해왔다. 치킨 한 마리 덜 먹고 무언가 보람된 일을 해보면 어떨까, 하고 문득 시작한 일이었다. 대출 이자가 밀려도 후원금만큼은 제때 내기 위해 노력했다. 2년 동안 몇 번이고 내게는 사치스러운 자기 위안이다 싶어서 후원 중단 버튼을 클릭할 뻔했지만, 어떻게든 참았다. 연구실 책상 한 켠에 붙여둔 아이의 사진과 언젠가 온 그림 편지를 보면 차마 그럴 수가 없었다. 하지만 학자금 대출 독촉 전화가 걸려왔던 어느 날, 나는 더 이상 버티지 못했고, 몇 번의 클릭을 하는 것으로 2년간 이어왔던 일방적인 인연을 역시나 일방적으로 단절해버렸다. 어떤 이유로 후원하시나요, 라는 질문에 정말이지 두 시간 가까이 고민하다가 저를 위해서 후원합니다, 라고 적었던 기억인데, 어떤 이유로 후원을 중단하시나요, 하는 질문에 그저 정말 미안해요, 하고 짧게 남기고 창을 닫아버렸다. 그리고 아이의 사진과 편지를 떼어 연구실 책상 서랍 깊숙한 곳 어딘가에 넣었다. 내가 아닌 누군가의 후원을 받았다면 아이는 좀 더 자랄 때까지 더 많은 도움을 받을 수 있었을 텐데, 감당하지 못할 내 욕심 때문에 지구 반대 편 어느 아이가…… 아팠다. 그날은 혼자 술을 많이도 마셨다.

지금도 학자금 대출을 갚는 일은 버겁다. 월급이 들어오면 그간 밀렸던 학자금 대출 이자가 여러 건 상환되며 휴대폰 화면이 출금 알림 문자로 가득 차곤 한다. 물론 학자금 대출 제도 덕분에 젊은 날의 학비와 생활비를 감당할 수 있었기에 원망이라든가, 불만이라든가 하는 감정은 없다. 하지만 졸업하고도 이자를 갚기 벅찬 삶은, 스스로를 서글프게 한다. 취업해서 갚으라, 는 좋은 취지는 이미 무색하고, 꾸마우더리

와 다시 마주할 가능성은 날마다 더욱 멀어져간다. 내가 대학원에 진학할 즈음 반값 등록금을 이야기했던 그 누군가'들'은, 사실 좀 얄밉다. 등록금을 인하하거나 시스템을 손보는 대신, 그저 돈을 빌려주는 손쉬운 방법을 택했다. 그러고 보면 집값도 매년 오르지만 주택 담보 대출 규모를 확대하는 것으로 처방이 끝난다. 학자금 대출을 상환하고 나면, 아마도 집을 마련하기 위해 다시 대출을 받아야 할지 모른다. 어쩌면 그렇게 꾸마우더리와는 서로 한발 더 멀어질 것이다.

얼마 전 연구실 서랍 정리를 하며 우연히 마주친 꾸마우더리의 사진은, 이제는 약간 빛이 바랬다. 나는 잠시 쳐다보다가

"미안해 꾸마우더리"

하고는, 다시 서랍 깊숙한 곳으로 밀어 넣었다. 아마도 다시 오랜 시간 동안 죄스러움과 서글픔으로 존재할 것이다.

18

"내 몸에 그저 미안하다"
수료, 그리고 대학원생의 몸

    2010년 봄, 나는 석사학위논문을 인준받고, 박사과정에 진입했다. 네 학기, 총 2년간의 분투였다. 내 모습은 대학원에 발을 디뎠던 2008년과는 많이 달라져 있었다. 거울을 보면 그간 무슨 일이 있었지, 싶을 만큼 낯선 인간이 우두커니 서 있었다. 내가 기억하는 앳된 외모가 잘 보이지 않았다.

    우선 탈모, 학위논문을 쓰며 머리를 쥐어뜯었더니 눈에 띄게 머리숱이 줄어들었다. 풀리지 않는 문제가 있으면 머리카락을 움켜 뜯는 오랜 버릇이 있었는데, 밤새 논문을 쓰고 일어나면 책상 여기저기에 머리카락이 수북했다. 지금도 내가 많이 참조한 논문이나 책들의 여러 페이지에서 내 머리카락이 책갈피를 대신하고 있다. 머리숱이 많은 편이어서 아직 그닥 티가 나지는 않지만 박사학위논문을 쓸 때쯤엔 어떤 모습이 될지, 두렵다. 연구실을 청소하다 보면 논문을 쓰는 사람들의 자리에서는 예외 없이 쓰레받기를 가득 채울 만큼의 머리카락이 나온다. 학회에 가보면 30대 젊은 연구자들 중 대머리인 사람들이 더러 있는데, 처음에 나는 그들을 안쓰럽게 바라보았으나 이제는 얼마나 열심히 공부했기에 저렇게 머리가 다 빠졌지, 나는 고작 머리숱이 부족해졌을 뿐이니 반성해야 해, 하고 존경하는 지경에 이르렀다.

그리고 비만, 라면이나 샌드위치 같은 것을 먹고 정신없이 쓰러져 자고 일어나는 일상이 반복되니 점점 살이 붙었다. 간짬뽕 두 개를 끓여 계란과 참치를 풀고 찬밥을 한 공기 양껏 덜어 쓱쓱 비벼 먹는 것이 내가 가장 좋아한 야식이었다. 자주 밤을 새우니 얼굴은 핼쑥해져 가고 배가 나왔다. 나중에는 맞는 바지가 없어서 아예 트레이닝복을 입고 다니기도 했다. 지금은 만성이 된 과민성 대장염이 이때 시작됐고 역류성 식도염이 심해졌다. 심할 때는 하루에 열 번 이상 화장실을 들락거렸다.

연구소에서 밤을 새우다 보면 화장실에 가는 일이 가장

신경 쓰였다. 새벽 4시에 불 꺼진 복도를 더듬어 지나며 홀로 화장실에 가는 길은 매일이 여고괴담이었다. 생리 현상을 해가 뜰 때까지 꾹 참았더니 나이에 어울리지 않는 부끄러운 증상이 나타났다. 검색해보니 중년 남성들에게 나타나는 어떤 기능 감퇴라고 했다. 화장실 딸린 연구실을 갖는 것이 소원, 이라고 노트 한 귀퉁이에 적기도 했는데, 그때는 정말이지 간절하고 진지했다.

어느 날은 허리가 너무 아팠다. 허벅지부터 발끝까지가 심하게 저려왔다. 절뚝대며 정형외과에 갔더니 추간판이 두 개쯤 죽었다고 했다. 엑스레이 사진을 보니 정말 디스크 두 부분이 까맣게 변색되어 있었다. 의자에 너무 오래 앉아 있어 걸린 허리디스크라고 했다. 의사가 혼잣말로 이 정도면 군대 4급으로 빠질 텐데, 해서 몹시 얄미웠다. 불과 몇 년 전에 현역 1급으로 군대에 다녀온 몸이 대학원 네 학기 만에 보충역 4급으로 바뀌었다.

석사과정생 때는 밤을 새우는 일이 그다지 어렵지 않았는데, 박사과정생이 되어서는 그것이 조금 어려워졌다. 그리고 지금은 웬만해서는 밤새우는 일을 만들지 않으려 노력한다. 그만큼 체력이 떨어진 것이다. 몸이 망가진 만큼 좋은 연구 성과를 내었는가 생각해보면, 내 몸에 그저 미안하다.

학위논문을 인준받을 때쯤, 많은 대학원생들이 망가진 자신의 몸을 돌아보기 시작한다. 등산이나 헬스를 하거나, 드물게는 유도나 권투 같은 것을 배우기도 한다. 나 역시 과민성 대장염이 심해져 내시경 검사를 받고 나서야, 건강이 먼저라는 생각이 들었다. 그래서 더 이상 몸을 방치하면 안 되겠다는 생각이 문득 들어 해발 400미터 정도 되는 동네 뒷산에 자주 올랐다. 새벽에 일어나 김밥 같은 걸 적당히 사서 산에 오르기 시작해, 정상에서 그것으로 아침을 때웠다. 그리고 내려와서 씻고, 연구실에 나갔다. 말도 안 될 만큼 힘들었지만, 몸이 조금씩 좋아지는 것이 느껴져 꾸역꾸역 다녔다. 처음에는 산 정상까지 두 시간 걸리던 것이 3개월 정도 꾸준히 하니 40분으로 줄었다.

　언젠가는 종종 산길에서 마주치던 어느 어르신께서 대체 무슨 일을 하기에 젊은 사람이 아침마다 산을 타느냐, 하고 물었다. 우물쭈물하다가, 대학원생입니다, 하고 답했다. 몇 마디 더 주고받다가 인문학을 공부하고 있다고 했더니, 혀를 쯧쯧 차고는 기술을 배워야지 뭐 하는 짓이냐, 하고 나를 안쓰럽게 쳐다보았다. 자신의 아들이 주류 배달업을 하고 있으니 함께할 생각이 있으면 연락하라기에, 그저 고맙습니다, 하고 말았다. 나에게 악의 없는 도움을 주고 싶었던 마음이 전해져서 그날은 고마움 반, 서글픔 반, 으로 산에 올랐다.

가장 기억에 남는 운동은, 동료 연구자들과 함께 밤늦게 강의동의 빈 주차장에서 가로등 불빛을 조명 삼아 쳤던 배드민턴이다. 논문을 쓰다가 지쳐 하나둘 강의동 밖으로 나왔는데, 누군가 트렁크에서 배드민턴 채를 몇 개 꺼냈고, 모두가 시간 가는 줄 모르고 함께 운동했다. 그날 즉석에서 운동 모임을 결성할 만큼, 모두가 즐거워했다. 얼마 안 되어 흐지부지되기는 했지만, 대학원 생활 중 가장 즐거웠던 한때다.

많은 동료 연구자들이 자신의 몸을 지키기 위한 나름대로의 운동을 시작한다. 처음에는 누구보다도 즐거워하지만, 반년을 채 넘기지 못하고 대개 그만둔다. 그것을 온전히 즐길 만한 금전적, 시간적 여유가 없기 때문이다. 특히 논문은 주변의 모든 것을 집어삼키는 능력이 무척 탁월하다. 배드민턴 모임은 없어졌다가 다시 생기고를 몇 차례나 반복했다. 각자가 그마저도 부담을 느끼기 시작했기 때문이다. 연구실과 자동차 트렁크에 배드민턴 라켓을 굳이 놓아두고서도, 서로의 눈치를 보느라 말을 꺼내지 못한다. 그래서 한 학기 내내 소원한 것도 흔한 일이다. 하지만 언젠가 누군가의 하시죠, 하는 한마디에 다시 모임이 결성될 것이다. 그렇게 잡아먹히지 않기 위해, 발버둥 친다.

◆ **어느 날의 일기: 노동한다는 것의 의미**

　　오늘도 맥도날드에 출근했습니다. 강의가 없는 날 오전 7시부터 오후 1시까지 일한 지, 어느덧 8개월이 다 되어갑니다. 제가 하는 일은 '딜리', '워시', '그리즈 트랩'과 '베이스보드' 청소, '오일 필터링' 같은 것들입니다. 말하자면 물류 하차 작업, 설거지, 배수관과 바닥 청소, 기름 교체와 같은 온갖 '잡일'입니다. 사실 대학에서 조교 시절 하던 일들과 크게 다를 것도 없습니다. 오히려 '잡일'로서의 스펙트럼은 대학에 훨씬 다양하게 마련되어 있습니다.

　　얼마 전, 점장은 저를 불러 많이 힘들지 않은지 조심스레 묻고는, 시급을 '70원이나' 인상해주었습니다. 아마 그가 해줄 수 있는 모든 것, 이었겠죠. 괜찮아요 노동할 수 있게 해주어 정말 고마워요, 하고 말하자 점장은 저를 잠시 쳐다보다가 그런 마음을 가져주셔서 제가 감사해요, 하고 답했습니다. 무언가 점장과 알바생 사이에 오갈 평범한 대화는 아니지마는, 적어도 저는 진심이었습니다. 저와 동갑인 점장은 무척 활기찬 사람인데, 그때는 그도 무척 정중하게 저를 향해 고개 숙여주었습니다. 같이 에버랜드에 놀러 가지 않겠느냐는 갑작스러운 말엔 아직 대답을 하지 못하고 있어 미안하지만요.

오전 7시에 출근해 지문을 찍습니다. 1분 단위로 저의 출근과 퇴근이 관리됩니다. 유리창을 닦다 보면 주차장으로 대형 화물차가 들어오는 것이 보입니다. 그러면 목장갑을 끼고, 나갑니다. 사장님 안녕하세요, 밝게 인사하고 오더 용지를 받습니다(아마 밝은 인사라고 느끼는 것은 저뿐이겠지만요).

제가 내려야 할 짐은 냉동, 냉장, 건자재, 대략 150박스입니다. 크루 한 명과 함께 '엘카'와 '쉘빙'에 담아 2층 건자재실로 나릅니다. 유통기한에 맞추어 진열해야 합니다. 영하 20도의 냉동고에 들어가면 곧 땀이 얼어서, 자주 들락날락해주어야 합니다. 오전 10시가 되면 토마토를 손질해 냉장고에 넣는 것으로 슬슬 마무리가 됩니다. 매니저에게 딜리 업무가 끝났음을 말하고 크루룸에서 35분의 '무급 휴식'을 가집니다. 햄버거를 하나 먹을 수 있는데, 저는 1955버거를 주로 먹습니다. 가끔 인심 좋은 크루가 고기 패티를 두 개 넣어주기도 합니다. 35분은 금방 지나가고, 이제 내려가 '모닝 워시'를 합니다. 세 개의 싱크대가 있는데, 각각 용도가 있습니다. 각각 물을 가득 받아 순서대로 닦고, 헹구고, 소독합니다. 처음에는 두 시간 가까이 걸리던 것이 이제는 40분 만에 끝낼 수 있을 만큼 익숙해졌습니다.

워시를 끝내면 '메인 잡', 어떤 일이 기다리고 있을지 저도 잘 모릅니다. 오늘은 배수구 청소를 했습니다. '그리즈 트랩'을 열면 일주일 간 쌓인 음식물 찌꺼기가 가득한데, 그것을 직접 퍼내야 합니다. 다시는 햄버거를 먹고 싶지 않을 만큼, 정말이지 그로테스크한 것들이 계속 걸려 올라옵니다. 몇 번 헛구역질을 하다가, 아예 마스크를 쓰고 일합니다. 퇴근 지문을 찍으면 매니저가 오빠 정말 수고하셨어요, 하고 말합니다. 어린 크루들이 서로 하지 않겠다고 하는 일을 제가 할게요 하고 웃으며 하고 있으니, 그저 빈말은 아닐 겁니다. 가끔 미리 만들어둔 햄버거 몇 개를 챙겨주기도 합니다. 그러면 고맙게 받아 연구실에서 저녁으로, 야식으로, 먹습니다.

집에 돌아와 샤워를 하고 바로 연구실로 출근, 하고 싶습니다. 써야 할 논문이 있고, 발표해야 할 원고도 있고, 강의 준비도 해야 합니다. 그런데 잠시 침대에 누우면, 몸이 그대로 녹아드는 기분입니다. 온몸의 근육이 뒤틀린 것 같기도 합니다. 이런 육체노동은 그리 익숙하지가 않습니다. 첫 달에는 거의 연구실에 나가지 못하고 그대로 뒤척이며 잠들었습니다. 그렇게 저녁에 일어나면 눈물이 날 만큼 억울했습니다. 고작 이 정도를 버티지 못하는 내 몸이 정말 미웠습니다. 어느 날은 일을 마치고 소주를 한 병 마시니 몸이 묘하게 나른해져서, 왜 육체노동을 하는 사람들이 술을 가까이 두는지도 알았습니다. 그래도 어떻게든 월 60시간 이상을 근무했습니다. 그러면 최저 시급에 더해 '주휴 수당'을 받을 수 있고, '건강보험'과 '퇴직금'의 근거가 생깁니다. 모두 대학에서는 보장하지 않는 것들입니다. 그렇게 사회인으로서, 노동자로서, 사회에 동시할 수 있다는 막연한 자존감이, 몸을 버티게 해주었습니다.

그런데, '노동'에는 사람을 '성찰'하게 해주는 힘이 있었습니다. 언제부터인가 타인에 대한 어떠한 '감정'이 솟구쳐 오르기 시작했는데, 지금 생각해보니 그것은 '또 다른 나를 공감하고 이해하려는, 저에게 내재된 어떤 원초적 욕구'였던 것 같습니다. 연구실의 동료 연구자들이 무척 애틋하게 보이기 시작했습니다. 무엇보다도 강의실에서, 학생 하나하나의 표정이 눈에 들어왔습니다. 모두 존중할 만한 각자의 '삶'을 영위하고 있을 것이라는 어떠한 자각, 이것은 몸을 수고롭게 해 '노동'하지 않았다면, 아마 느껴보지 못했을 경험이자 감정입니다. 그에 더해 노동의 시공간은, 인간과 나 자신에 대한 사유를 놀랄 만큼 확장해주었습니다. 워시장에서 설거지를 하며 정말 많은 논문의 아이디어를 얻었습니다. 가끔은 어떤 문단 내용이 통째로 떠올라 꾹꾹 담아두었다가 퇴근하자마자 옮겨 적기도 했습니다.

그래서 얼마 전, 어떠한 다짐을 새롭게 했습니다. 이후 어떠한 삶을 살든, 몸이 허락하는 적당한 '육체 노동'을 반드시 하며 살고자 마음먹었습니다. 지금의 성찰이 그저 일시적 감정에 그치지 않도록, 값싼 자기만족이나 허울이 되지 않게 하기 위함입니다. 노동이 얼마나 신성한 것인지, 뒤늦게나마 글이 아닌 몸으로 배울 수 있어서 다행입니다.

2부
지방시 두 번째 이야기,
시간강사의 시간

1

"연구만 하고 강의는 안 할 수 없을까"
강의 수임을 거절하다

2012년 여름, 나는 4학기의 박사과정을 마치고 '수료생'의 신분이 됐다. 이제 종합시험을 통과하고 학위논문을 인준받으면 '졸업생'이 된다. 그러면 시간강사 이후의 자리에 이력서를 넣을 자격도 생길 것이다. 하지만 그것은 꽤나 먼 이야기였다. 석사학위논문은 수료와 동시에 제출하기도 하지만, 박사학위논문의 경우는 주위를 둘러 보면 대부분 4~5년의 시간이 걸리는 것이 일반적이다. 어떤 논문 주제를 확정한 것도 아니어서 나는 잘 실감이 나지 않았다. 대신 무언가 막막한 기분이 이어졌다. 대학원 수업은 여전히 개설되었고 조교들은 바쁘게 움직였지만, 나는 그저 연구실에 머물렀다. 무엇을 해야 하는지 그 누구도 가르쳐주지 않았다.

주변의 연구자들을 보면, 수료 직후에 느끼는 감정이 대개 비슷했다. 자신의 포지션을 명확히 하기 힘든 것이다. 나보다 3년 먼저 수료한 어느 선배는 내게,

"살 길은 알아서 찾는 거야"

라고 했다.

이제는 그동안 공부한 것으로 승부를 보아야 한다는 말이었다. 좋은 박사 논문을 써서 학계에서 주목을 받든, 여러 대학의 시간강사 공개 채용에 지원해서 밥벌이를 하든, 마음이 맞는 다른 연구자들과 관계 맺고 서로 도와가며 연구를 하든, 도망치든, 앞으로의 미래는 온전히 나에게 달려 있다고 했다. 이제 더 이상 누군가 과제를 내주고 첨삭해주지 않는다. 나 스스로 연구하고, 논문 쓰고, 그것을 학회에 투고해야 한다. 그리고 무엇보다도 '생계' 역시, 당연하겠지만 내가 해결해야 하는 것이다. 뭐랄까, 아주 작은 돛단배에 의지해, 망망 대해를 향해 홀로 출항하는 기분이었다.

우선 석사 논문의 주제를 심화해 몇 편의 소논문을 쓰기

로 했다. 다행히 계속 쓰고 싶은 내용이 많이 있었다. 그래서 1년에 한 편 이상의 논문을 쓰고자 마음먹었다. 그것이 나의 삶을 증명하는 유일한 수단이 될 것이라 믿었고, 그 믿음은 지금도 확고하다. 그런데 선배가 "밥벌이"로 표현했던 '강의'를 하지 않으면 생계를 유지할 수 없을 것이었다. 많은 연구자들이 공개 채용을 통하든, 인맥을 통하든, 열심히 자신을 팔러 다닌다. 물론 먹고살기 위해서다. 누구나 대학강단에 서는 일을 무척 멋지고 영광된 일로 여긴다. 나 역시 학부생 시절부터 종종 대학 강단에 선 나의 모습을 상상하곤 했다. 하지만 그것은 어느새 생존의 문제가 되어 나를 압박해왔다.

수료하고 어영부영 한 학기가 지났을 무렵 학과 사무실에서 전화가 왔다. 1학년 학부생을 대상으로 하는 대학 국어 강의를 한 과목 맡아줄 수 있겠냐는 것이었다. 언젠가 '강의'를 해야겠다고 막연히 생각은 하고 있었지만 나는 무척 당황스러웠다. 마음의 준비가 되어 있지 않았던 것은 둘째 치고 학기의 시작이 불과 일주일 남았던 때다. 학과 사무실에 찾아가 두 학기 후배인 조교장에게 슬쩍 어떻게 된 일이냐, 하고 물었다. 대학원 새내기 때 그렇게 무서워 보이던 조교장도 이제는 후배가 맡아 하고 있을 만큼, 어느새 시간이 흘러 있었다.

그는 어떤 선생님께서 갑자기 강의를 못 맡게 되었다 하셔서 곤란한 상황인데 학과장님께서 형에게 한번 맡겨보라 하셨다, 고 했다. 나는 박사과정을 수료했고 몇 편의 학술진흥재단 등재지 논문이 있어 강의 자격으로는 충분했다. 그리고 생계를 위해서라도 대단히 감사한 제의였다. 수료생이 되고 몇 년 동안 강의를 맡지 못 하는 사람도 있는 것을 생각해보면, 이런 호의가 베풀어진 데 대해 감사히 받아들여야 했다. 하지만 정말로 곤란해서 온몸에 힘이 빠졌다. 조교장은 기쁘게 받아들일 줄 알았던 이 사람이 왜 이러나, 하는 눈빛으로 나를 쳐다보았다.

사실 나는 강의가 너무나 두려웠다. 박사과정 입학을 주저했던 이유 중 하나가 '강의'였다. '연구'와 '강의'는 대학 제도권에 발을 들여 놓은 이상 반드시 병행해야 한다. 강의 전담 교수라고 해도 연구 실적은 필요하고, 연구 전담 교수라고 해도 최소한의 강의는 한다. 대학은 강의실과 연구실 덕분에 '대학'일 수 있다. 가르치는 것, 가르치기 위해 공부하는 것, 그리고 계속 공부하는 것, 이것은 누가 가르쳐 주지 않아도 이미 나 스스로 인지하고 있던 바다. 그리고 몇 편의 논문을 쓰고 있는가, 어디에서 얼마나 많은 강의 경력을 쌓았는가, 하는 것이 모두 계량화된다. 교수 공개 채용에 이력서를 내고 싶은 마음이 있다면, 강의하지 않으면 안 된다. 그러니까, 강의하지 않으면 더 이상 대학의 노동자로 살아갈 수 없는 것이다. 선택의 문제가 아니라, 여러 의미로 생존의 문제였다.

그런데, 나는 연구는 정말로 좋았지만 강의에는 자신이 없었다. 대중 공포증이 있는 게 아닌가 싶을 만큼, 여러 사람 앞에 서면 입이 굳었다. 알고 있는 것을 말할 때도 머리가 하얗게 되었고 횡설수설 할 때가 많았다. 그런데 나만 바라보는 수십 명의 학생들 앞에 서서 강의를 해야 한다니, 상상하는 것만으로도 힘겨웠다. 언젠가 한 학기 선배 L에게 나 연구만 하고 강의는 안 할 수 없을까, 했더니 그는 나는 강의만 하고 싶은데 나와 바꾸면 좋겠다, 라고 했다. 물론 옥상 휴게실에 앉아 서로 넋 놓고 하는 농담이었지만, 사람마다 자신 있는 영역이 다른 법이다. 무엇보다도 고작 일주일 동안 갑자기 '가르칠 것'이 나올 리도 없다. 수업 계획서를 짤 시간조차 버거운 새내기 강사가 학생들에게 무엇을 가르칠 수 있을까, 싶었다. 강의 제의를 받아들이는 것은 나를 망칠 것이고 학생들에게도 예의가 아닐 것이었다.

저기 미안한데 강의는 못 맡겠어 학과장 선생님께는 내가 말씀드릴게, 하고 나는 학과 사무실을 나섰다. 조교장은 한 번 더 생각해 보라며 나를 만류했고, 마침 사무실에 있던 선배 한 명이 나에게 미쳤느냐는 말까지 했지만 나는 그냥 한 번 씨익 웃고 학과장실로 걸음을 옮겼다. 나는 그때까지 위에서 내려온 어떤 '임무'에 대해 토를 달거나 거역해본 일이 없었다. 그저 일하다 힘들면 이 지겨운 거 언제 끝나요, 하고 농담을 하거나 술자리에서 웃으며 푸는 정도였다. 하지만 이건 아니야, 하는 생각이 강하게 들었다. 무엇보다도 이것은 강의 청탁도 아니고, 내 스스로 밥그릇을 걷어차는 것이었기에 어떤 부끄러움이 없었다.

학과장실의 문패가 '재실'로 되어 있는지 확인하고, 문을 적당한 세기로 두 번 똑똑, 두드리고, 네 들어오세요, 하는 익숙한 목소리에 안녕하세요 ○○입니다, 하고 문을 열었다. 조교장에게 이야기 들었습니다 다음 학기 강의 기회를 주셔서 정말 감사합니다, 그런데 맡기 힘들 것 같아서 말씀드리러 왔습니다 정말 죄송합니다. 학과장은 당황스러운 표정을 지으며 아니 이유가 뭔가요, 하고 물었다. 제가 아직 강의를 맡을 자격이 안 된다고 생각합니다, 일주일 동안 제대로 강의안을 짤 수 있다는 생각도 안 들고요⋯⋯ 한 학기만 더 시간을 주시면 제가 스스로 준비하겠습니다, 좋은 기회를 주셨는데 정말 죄송합니다. 학과장은 나를 물끄러미 쳐다보더니 그래 알았어요, 했고 나는 죄송합니다, 하는 말을 거듭하고서 물러

나왔다.

    문을 닫고 연구실로 돌아가는데 까닭 모를 현기증이 몰려왔다. 내가 지금 뭐 한 거지, 남들은 기다리고 있는 자리가 운 좋게 굴러왔는데 냅다 차버렸잖아, 아마 다시는 강의 제의가 없을지도 몰라, 지금이라도 다시 학과장실에 찾아가 강의하겠다고 번복을 할까. 세상에 둘도 없는 멍청이가 된 것 같아 한동안 속이 쓰렸다. 내가 제의받았던 강의 자리는 다른 선배가 한 과목을 더 맡는 것으로 정리되었다.

    뭔가 거창하게 포장한 것 같지만, 실상은 내 나약함이 표면화된 결과여서 그저 부끄럽다. 내가 언제든 강의할 수 있도록 준비하고 있었다면, 기회를 온전히 받아들일 수 있었을 것이다. 강의 제의를 고사하고 나는 역설적으로 '강의' 준비에 매달렸다. 단순히 강단에 서 보고 싶다는 호승심 때문이 아니었다. 강의하지 못하면 대학에서 노동자로 살아갈 수 없음을 무척이나 부끄러운 경험을 통해 알았다. '대학 국어'는 1학년 학부생에게 제도권의 글쓰기를 가르치는 교양 수업이다. 내가 무엇을 가르칠 수 있을지, 무엇을 가르쳐야 할지, 어떻게 가르쳐야 할지, 그런 것을 한 학기를 두고 차근차근 정리해나갔다.

2
"네, 할게요, 고맙습니다"
30인의 지도 교수를 만나다

두려움과 준비 부족을 이유로 강의 제의를 고사하고 나는 자존감이 무척 떨어져 있었다. 그러던 차에, 어느 선배 강사가 가볍게 나의 근황을 물어 왔다. 언제나 나에게 서글서글 웃으며 사람 좋게 대해주는 선배였다. 그런데 나의 답을 들은 그는 얼굴을 굳히며 네가 10년 가까이 해온 공부인데 준비되지 않았다는 건 정말 이해할 수가 없구나, 너 스스로도 그렇고 너를 가르친 선생님들께 부끄럽고 죄송한 일이다, 라고 했다. 순간 나는 머리를 세게 한 대 얻어맞은 듯, 멍해졌다. 그의 말은 틀린 데가 없었다. 강의실에서 도피하는 것은 나를 가르친 여러 은사들에 대한 예의가 아니고, 무엇보다도 내 과거의 부정인 것이다. 연구실에서 보낸 내 지난날들이 그처럼 간단하지는 않았다. 그간 느꼈던 부끄러움에, 어떤 오기가 더해졌다. 그래서 다시 한번 강의 제의가 온다면 온전히 받아들이고자 마음먹었다. 그에 더해 교수자로서의 나에 대한 판단은 학생들에게 모두 맡기기로 했다. 학기가 끝나면 학생들이 참여한 10점 만점의 강의 평가 결과가 나온다. 8점 밑의 점수를 받으면 어차피 학교에 의해 강의 자격을 박탈당할 테지만, 학교 평균 이하의 점수가 나오면 제도권의 삶을 미련 없이 떠날 것을 스스로 약속했다. 능력이 부족하거나 도저히 체질에 맞지 않거나, 어찌 되었든 강의하며 행복하지 않다면 다른 길을 찾는 것이 나를 위한 선택일 것이다.

학기가 마무리될 무렵, 조교장에게서 다시 전화가 왔다. 그는 내게 다음 학기의 '대학 국어' 강의를 맡아줄 수 있는가 물었다. 제의를 고사한 괘씸죄로 당분간 강의와 인연이 없을지 모른다는 노파심이 계속 있었으나 다시 한번 운이 좋았다. 기쁨과 걱정이 교차했지만 이번에는 담담히 용기를 냈다.

"네, 할게요, 고맙습니다."

전화를 끊고 학과 사무실로 올라갔다. 조교장을 만나 강의 시간표를 받고, 사번을 등록하고, 학기 일정표 같은 것을 확인했다. 강의 순번에 따라 막내인 내가 목요일과 금요일 시간표를 받았으나, 그런 것이야 아무래도 좋았다. 학과 사무실에서 나와 지도 교수의 연구실 문을 두드렸다. 그동안 논문 지도를 받을 때가 아니면 사적으로는 거의 찾아뵙지 않았는데, 꼭 드릴 말씀이 있었다. 강의를 하게 된 데에는 지도 교수의 후의가 반드시 있을 것이어서 그에 대한 인사를 먼저 드리고 싶었고, 논문에 대해서도 상의드릴 것이 있었다.

지도 교수는 이제 ○○가 선생님이 되었구나, 하고 나를 격려해주었다. 나는 기회를 보아 다음 학기는 강의 준비 때문에 논문을 쓰는 것이 많이 힘들 것 같습니다, 하고 말씀드리려 했다. 그런데 지도 교수가 먼저 아마 다음 학기는 강의를 처음 시작했으니 논문 쓰기가 많이 힘들 거야, 괜찮으니 강의부터 열심히 준비하렴, 하고 말해주었다. 나를 잘 알아서였을까, 아니면 제자들에게 의례히 해주는 말이었을까, 어느 쪽이었든 인사를 꾸벅 드리고 연구실 문을 닫으며 무척 감사하고 홀가분했다.

두 달여의 시간이 흘러 2013년 봄, 나는 강의실 문 앞에 섰다. 문을 열면 서른 명의 첫 제자들이 나를 기다리고 있을 것이다. 넥타이를 다시 정갈하게 고치고, 바지도 손을 내어 툭툭 털고, 아침에 새로 닦은 구두가 더럽지 않은지 눈길을 주고, 심호흡을 한 번 얕게 한 후…… 문을 열었다. 단일 분반으로 구성된 1학년 학생들은 어느새 친해져 서로 시끌시끌 이야기를 나누고 있었다. 그러다가 내가 강단을 향해 가자 모두가 호기심 어린 시선으로 나를 쳐다보았다. 내가 제대로 걷고 있는지 의심스러울 만큼, 그것이 무척이나 부담스러웠다. 안녕하세요 반갑습니다, 억지로 목소리를 짜내 인사하고 출석부를 꺼내 출석을 불렀다. 학생들은 밝게 대답했고, 나는 각자의 이름을 천천히 힘주어 불러나갔다. 그리고 소개를 하기 위해 전날 밤늦게까지 고심해 쓴 A4 용지 두 장 가득한 내 자기소개를 꺼내다가 그만두었다. 그보다는 지금의 감정을 솔직하게 짧게 말하는 것이 의미가 있을 것 같았다. 저는 이번 학기부터 처음 강의를 시작했습니다, 여러분도 처음이겠지만 저도 그렇습니다, 서로 서툰 것이 많겠지만 좋은 수업을 만들어봅시다. 다행히 모두 밝은 표정으로 나를 바라보았고 몇몇은 작게 박수를 쳤다. 나는 수업 계획표를 나누어주었다.

한 학기 가까이 강의 준비를 하며 교재 연구에 많은 시간을 보냈다. 그에 더해 나름의 강의 '기준'을 세우는 데에도 무척 공을 들였다. 그간 학부와 대학원의 여러 수업에서 느꼈던 아쉬운 부분들을 답습하고 싶지 않았다. 내가 학부생이었을 때 어떤 수업을 원했던가, 하고 돌이켜보았다. 과제, 출결, 교수자의 태도나 강의 언어, 조별 과제, 시험 문제 등 기준을 세우고 싶은 것들이 너무나 많았다. 고민 끝에 스스로 약속한 바를 몇 가지 추려보면 다음과 같다.

① 학생들은 내 수업만 듣는 것이 아니다

나는 하나의 수업을 준비하고 감당하면 되지만, 학생들은 대개 5~7개의 수업을 듣는다. 내가 욕심을 내면 그것은 그들에게 감당할 수 없는 부담이 된다. 나도 학부생 시절 과제를 '폭격'하는 교수님께 저희는 이 수업만 듣는 게 아니에요…… 하고 혼잣말을 한 기억이 있다. 성실히 수업하되, 서로 즐겁게 최선을 다할 수 있을 만큼의 커리큘럼을 구성하고, 그에 따르고자 했다. 특히나 '글쓰기'는 부담이 되는 순간 가장 지루한 행위가 될 것이었다.

② 강의 시간과 쉬는 시간 엄수하기

내가 집중력이 좋지 않은 까닭도 있지만 그 어떤 좋은 수

업도 50분이 넘어가면 집중도가 현저히 떨어진다. 하지만 세 시간의 연강을 강행하거나, 쉬는 시간을 무시하는 교수자들이 많다. 강의의 맥을 끊기 힘든 부분이 있을 테고, 자신의 강의에 도취되기도 할 것이다. 하지만 그것을 조절하는 것 역시 중요한 능력이다. 열정으로 미화하면 안 된다. 교안을 철저히 준비해 50분 강의, 10분 쉬는 시간, 다시 50분 강의를 엄수하고자 했다. 반장을 선출하고 그에게 역할을 주었는데, 내가 혹시 1분 이상 넘겨 강의를 계속하고 있으면 손을 들고 쉬는 시간입니다 선생님, 하고 말해달라고 했다. 예의 없는 행동으로 생각해 그러지 못할 것을 걱정해 나는 그러면 플러스 점수를 주겠노라고 했다.

③ 내 언어가 아닌 그들의 언어로 이야기하기

'연구자의 언어'가 있다. 논문이나 학회에서 사용되는 단어와 표현, 학생들은 그런 것에 익숙하지 못하다. 듣기만 해도 눈이 감기고 머리가 지끈거리는, 그런 화법을 가진 교수자들이 적지 않다. 그것은 자신의 언어로만 이야기하거나, 혹은 텍스트의 언어로만 이야기하고 있기 때문이다. 나는 '쉬운 강의'를 하는 것을 목표로 했다.

④ 내 말을 줄이고 학생들의 말을 듣기

강의에 필요한 최소한의 말을 하고 학생들의 의견을 주로 들었다. 모두가 자연스럽게 의견을 말할 수 있는 분위기를 만들기 위해 노력했고, 어떤 의견이더라도 의미를 찾아 확장해주고자 했다. 예컨대, 언젠가는 한글 맞춤법이 왜 중요할까요, 하는 질문에 한 학생이 "세종대왕께 죄송하기 때문입니다"라고 답했다. 모두 웃었고, 나도 웃으며 그에게 "저는 어학 전공 강의에서 말은 그 나라의 정신이다, 라고 배웠어요. 그런 의미에서 맞춤법을 올바르게 사용하는 건 우리 정신을 올바르게 하는 출발점이 될 거예요" 하고 답해주었다. 학생들이 가벼운 농담처럼 자신의 생각을 발표할 수 있는 강의실이 되길 바랐다. 그리고 그러한 가벼움에서 무거움을 찾아주는 것이 나의 역할이라 생각했다.

⑤ 모두의 이름을 기억하기

나는 고등학교 시절 번호로 불리는 것이 무척 싫었다. 1년이 마무리될 때까지 반장과 부반장의 이름만 기억하는 교사들이 참 많았다. 대학에 와서도 출석부가 없으면 누구도 호명하지 못하는 교수들이 대부분이었다. 물론 100명 이상의 대형 강의에서는 각각의 이름을 기억하는 일이 불가능하지만

50명 이하의 중형 강의만 되어도 그것이 어렵지 않다. 나는 2주 안에 학생들의 이름을 모두 외워 출석부가 필요하지 않게 하고자 했다. 별로 대단할 것도 없이 조금만 관심을 기울이니 가능한 일이었다. 그것은 서로에 대한 작은 예의이자, 모두가 참여하는 수업을 만드는 가장 좋은 방법이기도 했다.

한 시간 정도 함께 수업 계획서를 살펴보고, 학생들과의 첫 대면을 마무리했다. 강의실을 나서면서는 한결 감정이 차분해져 있었다. 걱정한 것처럼 다리가 후들거린다거나, 얼굴이 빨개진다거나, 목소리가 갈라진다거나 하지는 않았다. 적당한 설렘과 긴장과 두려움이 함께했던 기억이다. 그래도 역시 가장 큰 감정은 '두려움'이었다. 당시에는 그것이 단순히 강의 자체를 두려워하는 나의 '나약함'에서 왔다고 생각했다. 무언가 가르쳐야 한다는 강박에 사로잡혀 있던 시기이기도 하다. 그런데 강의를 거듭할수록 두려움의 감정이 더욱 커져갔다. 강단에 서는 것은 마치 30명의 지도 교수와 대면하는 것과도 같았다. 학생들은 내가 할 수 없는 독특한 방식으로 문제를 대하고 새로운 대안을 제시해냈다. 지금에 와 굳이 규정해보자면 그것은 평범한 집단 지성이 가진 무한한 가능성과 다양성이었다. 언젠가부터 나는 가르치기 위해서가 아니라 배우기 위해, 강의실의 문을 열었다. 내가 학생들을 존중하고 두려워하는 만큼, 그들은 나에게 스스로를 돌아보고 성찰할 기회를 마련해주었다. 그래서 강의 3년차가 된 지금도, 강의실을 가득 채운 학생들은 여전히 두려운 존재다.

그리고 강의 2주차에 이르러서, 나는 평생 잊지 못할 소중한 경험을 했다.

3

"여러분은 저보다 더욱 좋은 선생님입니다"

학생들에게 배운 인문학

'대학 글쓰기'를 가르치겠다고 대학 강단에 섰는데, 나는 무척 복잡한 심정이었다. 타인에게 어떠한 방식의 '쓰기'를 강요하고 싶지 않았다. 모두의 생김새와 성격이 다른 것처럼 저마다의 글쓰기 역시 다양하게 나타날 수밖에 없다. 어느 모범 답안을 정해두고 획일화된 '좋은 글'쓰기를 가르치는 것은 한 사람이 일평생 체화해온 체계를 억지로 바꾸는 작업이다. 그러면 글쓰기는 어렵고, 지루하고, 고된 행위가 될 것이다. 모든 학생의 (글쓰기의) 다양성을 인정하고 존중하고 싶었다. 나는 강단에 서 있지만 글을 가장 잘 쓰는 사람이 아니라 오랜 시간 제도권의 양식에 맞춰 글을 써온 사람일 뿐이다. 강의 4년차가 된 지금 돌이켜 보면, 나보다 나은 글쓰기를 하는 학생들이 매 학기마다 있었다. 그들은 나에게 영감을 주거나, 놀라움 혹은 패배감까지 선사하곤 했다.

첫 주차 강의가 끝나고 연구실에 돌아와, 나는 내가 해야 할 일을 두 가지로 좁혔다.

① 역설적으로, 대학 제도권의 글쓰기 양식을 충실히 가르치고자 했다. 학생들은 신문, 잡지, 댓글, 웹툰 등의 매체와 텍스트를 통해 이미 시대의 글쓰기에 노출되어왔다. 의도하지 않았더라도 단어, 문장, 문단 구성에 이르기까지 시대가 요구하는 어떤 작문법에 익숙해져 온 것이다. 그것을 보다 세련되게 체계화한 것이 대학의 글쓰기다. 대학이 만들어온 학문적 글쓰기의 양식을 가르치기 위해 대학 국어 강의가 필요하다고, 나는 판단했다.

고백하자면 나는 학부 시절에 리포트 작성 양식을 제대로 배우지 못했다. 첫 과제 제출을 두고 표지를 만들어야 하나 말아야 하나, 하는 간단한 문제로 동기들끼리 혼란스러웠던 기억이 있다. 3학년 2학기 전공 수업에 이르러서야 외부 강사 한 분이 왜 리포트 양식을 제각각 구성하는지 이해할 수 없다며 일부러 시간을 내어 가르쳐주었다. 학교에서 협약을 맺은 논문 데이터베이스를 이용해 참고 문헌을 활용할 수 있다는 것은 대학원생이 되어서야 알았다. 이전까지는 학교 도서관에 책이 있으면 다행이고, 없으면 서울의 도서관에 가거나, 헌책방에서 직접 구입했다. 무척 부끄럽고 한심한 일이다. 내 제자들에게 그런 시행착오를 겪게 하고 싶지 않았다.

② 흑백이나 삼단논법의 사유를 벗어나 다양한 시각으로 문제를 다루고, 주변의 사소한 것들에서부터 '자신'과 '사회'를 발견할 수 있기를 바랐다. 중간고사 이후에는 자유 주제의 조별 발표를 진행하며 토론 시간을 충분히 가졌다. 돌이켜 보면, 정말이지 즐거운 시간들이었다. 성장하는 학생들을 보는 것은 기쁜 일이었고, 가장 많이 변화한 쪽은 나 자신이었다.

2주차 수업에서는 학생들에게 조별 과제를 위해 자율적으로 조를 구성할 것을 공지했다. 5분 정도 시간을 줄 테니 다섯 명이 한 조를 만들어 저에게 말해주세요, 하고 기다렸다. 서른 명이 다섯 명씩, 여섯 개의 조를 짜면 그대로 진행할 생각이었다. 그런데 3분 정도가 지나는 동안 완성된 조는 거의 없었고, 쭈뼛쭈뼛, 멀뚱멀뚱하는 학생들이 대부분이었다.

단일 전공으로 이루어진 분반이어서 별문제가 없으리라 생각했는데, 무엇이 문제인지 알 수 없었다. 조 구성을 독려 하고 조금 더 시간을 주었다. 내 학부생 시절에도 조별 과제는 늘 있었고, 대부분의 교수자들은 자율적으로 조를 구성하게 했다. 학기 초마다 강의실에서 벌어지는 흔한 일이다. 그런데 학생들이 마지못해 따르고 있다는 위화감이 들어서 곤혹스럽던 차에, 반장이 손을 들었다. 나는 그래서 아 그래 반장이 할 말이 있나요, 하고 물었다. 그는 조심스레 입을 열었다.

"교수님 조를 짜는 게 쉽지 않습니다. 우리는 친한 사람도 있고 그렇지 않은 사람도 있습니다. 이런 방식이라면 어느 친구는 분명 소외감을 느낄 수밖에 없습니다. 저에게는 지금 그런 친구들이 보입니다. 그래서 말인데 교수님께서 조를 지정해주시면 더욱 좋겠습니다."

반장의 말이 끝나자 몇몇 학생들이 조용히 고개를 끄덕거렸다. 나는 지금도 그때만큼 강단에서 스스로 부끄러웠던 경험이 아직 없다. 나도 학부생 시절, 복학 첫 학기 전공 수업에서 조를 짜라는 말에 주변을 둘러보았지만 아는 사람이 없어서 초라하게 시간을 보낸 기억이 있다. 차라리 랜덤으로 조를 지정해주지, 하는 원망을 하던 도중 거기 학생은 친구가 없나요, 하고 나를 확인 사살하던 교수가 얼마나 얄미웠는지 모른다. 이제는 그 역할을 내가 대신 하고 있는 것이다. 인문학을 사유하는 글쓰기를 가르치겠다는 강의실 안에서 오히려 가장 인문학과 거리가 먼 인간이 바로 나였다. 나는 잠시 생각을 정리한 후, 반장에게 답했다.

"정말 미안합니다. 제 실수를 여러분이 바로잡아주었습니다. 인문학 수업에서 가장 중요한 것은 바로 '사람'입니다. 여러분은 저보다 더욱 좋은 선생님입니다. 다음 주에 제가 조를 지정해 공지해주겠고, 다음 학기 여러분의 후배들에게도 그렇게 하겠습니다. 미안하고, 고맙습니다."

나는 모두에게 고개 숙여 사과했다. 3년 전의 일이지만 그날 반장이 조심스레 손을 들던 모습이, 내가 안고 있던 부끄러움이, 그 분위기와 질감이, 모두 손에 잡힐 듯 생생하다. 학생들은 갑자기 박수를 쳤고, 몇몇은 환호성을 질렀다. 나는 예상하지 못한 그들의 반응에 놀라, 그저 멍했다. 반장이 고맙습니다, 하고 활짝 웃자 모두 고맙습니다, 하고 웃었다. 왠지 모르게 눈물이 날 것 같았는데, 마침 수업 시간이 끝나 다

음 주에 봅시다, 하고 마무리지었다. 연구실로 돌아가는데 기분이 무척 묘했다. 정리해내기 힘든 여러 감정이 뒤섞였다. 정말이지 얼굴이 화끈거렸고, 눈시울이 뜨거웠다. 그런데 입꼬리는 자꾸 오르락내리락했다. 가르치러 와서 오히려 배우고 돌아가는 발걸음이, 이상하게도 너무나 가벼웠다.

그 후에도 나는 몇 차례의 비슷한 경험을 했다. 그리고 어느 날 문득 '교학상장'이라는 단어를 기억해냈다. "가르침과 배움은 함께 성장한다"라는 의미의 사자성어다. 나는 이 단어를 고등학교 시절에 도서반 선생님께 들었다. 선생님께서 오늘은 내가 배웠다, 하고 나에게 말씀하셨는데 나는 당돌하게도 선생님이 학생에게 배우는 게 어디 있습니까, 하고 물었다. 선생님은 빙긋 웃으며 언제나 교학상장이란다, 하고 답했다. 교사는 가르치고, 학생은 배우는 것, 이라고 생각했던 내게 그 단어는 무척 비현실적인 것이었다. 그래서 곧 자연스레 기억에서 지워졌는데, 강단에 직접 서보고서야 비로소 그것이 현실에서 의미화될 수 있음을 알았다. 강의실에서 교수자와 학생은 서로의 발전을 추동하는 관계였다. 언제부터인가 나는 가르치기 위해서, 동시에 배우기 위해서 강의실에 섰다. 처음에는 그것이 어색하고 내가 자격이 없는 강사가 아닌가,

하는 생각도 들었지만, 이제는 학생들에게 무언가 배우는 일이 오히려 즐겁다.

아직 인문학이 무엇인지, 사실 잘 모르겠다. 좋다는 강좌를 들어보아도 저마다의 인문학이 다르다는 사실만 다시 확인하게 된다. 하지만 누군가 내게 인문학이 무엇인지 물으면 내 첫 제자들과의 일화를 들려주고 싶다. 그리고 내가 언젠가 마지막으로 강단에 서게 되었을 때, 그날의 일화를 들려주는 것으로 나의 인문학을 대신하려 한다. 굳이 어려운 철학책을 애써 들추어보거나 하버드 교수의 강의록을 곁에 두지 않아도, 인문학은 언제나 내 주변의 평범한 집단 지성 안에 있음을 나는 믿는다.

학생은 내게 가장 좋은 선생님이다. 오직 가르치기 위해서, 라고 생각했지만, 언젠가부터 아는 것을 가르치고 모르는 것을 배우기 위해, 나는 더욱 즐겁게, 그리고 두렵게 강단에 서고 있다.

◆ "You are very hard teacher"
―강의실에서의 내 첫 번째 지도 교수에게

2010년 즈음 박사과정 중에 잠시 어학당에서 '한국어 강의'를 했다. 내가 20대 후반이었던 때다. 대학 입학을 앞둔 외국인 학생들을 대상으로 말하기 듣기, 읽기, 쓰기를 가르치는 일이었다. 나는 어학 전공이 아니었지만 몇 주간의 위탁 연수를 거쳐 해당 어학원에서만 활용 가능한 강사 자격을 받았다. 2010년을 전후해 '외국어로서의 한국어'가 성황이었다. 많은 학교들이 급히 어학당을 설치해 각국 학생의 유치에 나섰고, 문학에서 어학으로 전향하는 주변 연구자들도 많았다. 그중에는 일본이나 카자흐스탄과 같은 나라로 일찌감치 떠난 이들도 있었다. 나 역시 그러한 분위기에 편승해 잠시 어학당의 강사가 되었다. 내 의지였다기보다는 그저 내가 해야 할 일인가 보다, 했다.

 어학당 학생들은 대부분 20대 초반의 중국인 학생들이었다. 가끔 일본이나 러시아나 미국에서 온 학생이 한두 명 있기도 했다. 어린 나이에 유학 온 그들은 공부보다는 쇼핑, 연애, 서울 나들이에 관심이 많았다. 지난 주말에 무엇을 했습니까, 하고 물으면 명동, 홍대, 강남, 이러한 곳에 다녀왔다고 서로 목소리를 높였다.

 그런데, 어학당 강의는 나에게 무척 부끄러운 과거다. 특히 나에게 배운 첫 분반 학생들이 종종 떠오를 때면 지금도 그들에게 죄스럽다. 제대로 수업하지 못했기 때문이다. 나는 누군가를 가르쳐본 경험이 없었고, 특히 어학은 내 전공도 아니었다. 그저 교재를 충실히 가르치는 데만도 많은 노력이 필요했다. 가끔 학생들이 이해가 되지 않는다는 표정을 짓거나, 단어와 문법에 대한 추가 질문을 할 때면 난감했다. 한국어가 서툰 외국인에게 한국어의 문법을 설명하는 것은 정말이지 어려운 일이었다. 그것은 내가 해당 문법을 가르칠 만큼 제대로 알고 있느냐의 문제가 아니었다. 나 스스로 '외국어로서의 한국어 교수법'에 대한 이해가 부족했다. 질문이 나오지 않기만을 바라며 그저 교재의 내용만 힘겹게 가르쳐나갔다.

어린 학생들의 반응에 따라 나의 감정 기복 역시 쉽게 오르락내리락했다. 가끔은 학생들의 호응이 좋아서 나도 덩달아 기쁘게 다시 연구실로 돌아가기도 했지만, 그저 터덜터덜 축 처져 걸어가는 일이 더 많았다.

어느 날은 너무 힘들었다. 함께 자취하는 선배 둘에게 살려달라 연락한 후에, 편의점에서 술과 안주를 적당히 샀다. 그리고 방에 들어가 그들 앞에서 도저히 강의하지 못하겠어요. 아무래도 저는 강의 체질이 아닌가 봐요, 하며 울었다. B는 그런 나를 다독여주며 내일부터는 뭔가 달라질 거야, 라고 했다. 이유를 묻자 그는 나도 강의를 처음 시작하고 너무 힘들어서 선배 앞에서 울었는데 이유는 모르겠지만 다음 날부터 다 잘되더라고, 하고 답했다. 옆에 있던 L은 난 처음부터 잘했는데, 하고 혼잣말을 하다가 B에게 넌 다 나쁜데 그게 제일 나빠, 하는 핀잔을 들었다. 두 선배의 아웅다웅에 울고 웃으며 한껏 위로받았다. 그렇게 새벽까지 조촐한 술자리가 끝나고, 조금은 후련해졌다. 하긴, 어학당 강의를 제대로 해내지 못하면 대학 어디에서 무엇을 할 수 있을까 싶었다. 여전히 강의실에 들어가는 발걸음은 무거웠고 극심한 스트레스를 받았지만, 더 '열심히' 하고자 마음먹었다.

논문을 읽고 쓰는 시간을 줄이고, 한국어 교재를 더 가까이 두었다. 예문을 다양하게 만들고, 어떻게 하면 단어와 문법을 쉽게 가르칠 수 있을까 고민했다. 동시에 학생들을 다그쳐나갔다. 정해진 강의 시간은 50분씩이었는데, 나는 자주 똑똑, 하고 강의실 문을 두드리는 소리에 수업을 마쳤다. 가르치는 데에 정신이 팔려 시간이 가는 것을 잘 느끼지 못했다. 다음 강의를 맡은 선생님은 창문 틈을 통해 기웃기웃 나를 쳐다보며 내가 나오기만을 기다렸다. 한번은 선배 강사가 나를 따로 불러서는 다음 수업을 위해 강의를 제시간에 끝내면 좋겠다, 고 했다. 나는 알겠다고 했지만 오히려 나의 성실함이 학생과 선배들에게 잘 전달될 것이라 여겼다. 실제로 선배 강사들은 그것을 초임 강사의 열정으로 생각해주었는지, 긍정적으로 평가하는 분위기였다.

어느 날도 나는 정해진 수업 시간을 훌쩍 넘기며 계속 강의했다. 똑똑, 소리에도 할 건 해야지, 하는 생각에 급히 마무리 수업까지 하고서는 죄송합니다 선생님, 하고 강의실 문을 열었다. 그리고 가방을 주섬주섬 챙겨 나가려는데, 미카라는 예쁘장한 여학생이 나에게 다가와, 지금도 잊을 수 없는 어떤 말을 했다.

"You are very hard teacher."

미카는 옅은 한숨과 웃음을 함께 내뱉었다. 나는 그에게 고마워요, 하고 답했다. 연구실로 돌아가는 길에 'hard'라는 단어에 대해 생각하며 웃음 지었다. 나의 노력이 학생들에게 인정받은 것이다. 그래서 편의점에 들러서 다시 한번 적당한 술과 안주를 사서 B와 L을 만났다. 그러고는 학생이 저에게 '하드 티처'라는데 제가 열심히 하긴 했나 봐요, 형님들과 술자리 가진 이후에 모든 게 잘 풀리고 있어요, 고마워요, 하고 말했다. B는 거봐 나도 그랬다니까, 하며 웃었고 L은 나는 뭐 그런 소리 너무 자주 들어서 지겨운데, 하다가 B에게 다시 한번 성토를 당했다. 뭐랄까, 비로소 아카데미의 일원이 된 것 같았다. 학회지에 서투른 첫 논문을 게재했을 때만큼이나 마음이 뿌듯했다. 그날의 술자리는 B와 L의 아웅다웅과 함께 일찌감치 즐겁게 마무리되었다.

선배들과 미카 덕분에 어떤 여유가 생겼는지, 나는 그날부터 학생들의 표정이나 반응을 살피기 시작했고, 시계를 확인하는 버릇도 들였다. 하지만 55~60분을 쉬지 않고 진행해야 그날의 과정을 마무리 할 수 있을 만큼, 수업은 그렇게 정형화되어 있었다. 어느 날도 오늘도 5분 정도는 추가 수업을 해야겠구나, 하고 진도를 나가는데 학생들의 표정이 별로 좋지 않았다. 특히 미카의 표정이 어두웠다. 나는 속으로 미카

너는 그러면 안 되잖아, 하고 생각하며 수업을 마쳤다. 그 후로 'hard teacher'라는 단어가 계속해서 머릿속을 맴돌았다. 그 뜻을 딱히 검색해 보지는 않았지만 아마도 '열정'이 있다거나 그런 의미였겠지, 하고 생각했다. 그런데 "열정 있는 교수님"이라는 조합에 왠지 모를 위화감이 들었다. 그러고 보니 언젠가 그러한 조합과 대면한 일이 있었다.

나는 어학당 학생들과 같은 20대 초반이던 시절, '열정적인 교수님'과 이미 수차례 만났다. 그들은 대개 쉬는 시간을 고려치 않고 연이어 수업하다가 아아 힘드네, 좀 쉬었다가 하자, 하고 말했다. 학생들의 집중력이 이미 눈에 띄게 떨어졌더라도 수업은 강행되었다. 한 시간이든 두 시간이든, 수업의 맺고 끊음은 교수자의 컨디션에 따라 조절되었다. 또는 감당하기 힘들 만큼의 과제를 내주기도 했다. 그러고 나면 나는 아아, 너무나 열정적이시다, 하고 옆의 학생들과 함께 자조를 내뱉곤 했다. 내가 기억하는 열정적인 교수자들은 대부분 '혼자' 열정적이었다. 비로소 미카가 말했던 'hard teacher'라는 단어가 가진 의미를 알았다. 나는 나 혼자 취해 있었던 것이다.

1년 남짓한 짧은 기간이었지만, 어학당의 어린 학생들을 가르치며 나는 그들에게 오히려 많은 것을 배웠다. 마지막 분반을 맡았을 때는 조금이나마 나 스스로 여유를 다잡고 강의실에 들어갈 수 있었다. 예문을 더 만들고 단어 시험을 한 번 더 보는 대신, 천천히 말하기, 가장 쉬운 단어로만 말하기, 모든 것을 가르치려 하는 대신 하나라도 제대로 가르치기, 그들의 문화를 존중하기, 무엇보다 쉬는 시간 지키기, 같은 것에 집중했다. 그때부터 강의실에서 학생들의 웃음소리를 들을 수 있었다. 교재 연구에만 매진하거나 쉬는 시간을 잡아먹는 대신, 그들의 입장에 서서 교수법에 대해 고민하는 것이 옳았던 것이다.

어학당 강의는 내게 너무나도 부끄럽고, 그리고 감사한 경험으로 남았다. 특히 미카가 아니었다면 나는 여전히 열정적인 교수님으로 홀로 취해 있었을 것이다. 몇 년 후 맡은 대학 국어 강의에서 그나마 시행착오를 덜 겪은 것은 이러한 덕분이다. 누군가 교수님은 '너무 열정적으로' 강의를 하십니다, 하고 말해줄 때까지 나를 뒤돌아볼 계기를 쉽게 마련하지 못했을 것이다. 미카는 내게 '열정'이 교수자보다 학생과 어울릴 때 비로소 제 의미를 갖는 것임을 가르쳐 주었다. 나는 강단에서 언제나 뜨거워야 하지만, 동시에 가장 차갑게 사유해야 하는 존재다. 학생들에게 열정을 전하고, 그것으로 그들을 고양하는 역할을 맡고 싶다. 지금도 강의하고 싶은 내용이 더 있거나, 혹은 스스로 취하는 때 역시 있지만, 그때마다 You are hard teacher, 라던 미카의 말을 예전의 질감 그대로 떠올리며 마음을 다잡는다. 나의 욕심을 열정으로 미화하지 않으려 한다. 미카는 강의실에서 만난, 나의 첫 번째 지도 교수다. 지금은 어디에선가 사회의 일원으로 훌륭히 살아가고 있을 미카에게 감사를 전한다.

4

"당신은 나를 볼 수 있지만 그렇게 하지 않았다"

강단에서의 시야

첫 강의를 시작하던 날, 강단 위에 올라선 나는 무척 놀라운 경험을 했다. 고작 한 뼘 높이의 강단에 올라서니 강의실의 풍경이 한눈에 들어왔다. 서른 명 학생들의 표정과 몸짓까지 모두, 그것은 나를 향한 호감이나 적대감까지 전달될 만큼 선명한 것이었다. 처음에는 내가 가진 두려움과 긴장감 때문일 것이라 여기기도 했다. 하지만 강단에서의 시야는 생각과 달리 모두에게 닿았다. 그래서 안도감이 우선 들었다. 그런데 동시에 어떠한 배신감이 찾아왔고, 시간이 지날 수록 그 감정은 커져갔다.

초·중·고 학창시절의 나는 그다지 눈에 띄는 학생이 아니었다. 손을 들고 제대로 발표해본 기억이 거의 없다. 워낙 내성적인 성격을 가졌던 탓도 있겠지만, 용기를 내어 손을 들었을 때 나를 지목해준 교사가 별로 없었기 때문이기도 하다. 어느 교사들은 항상 몇몇 특정 학생과 눈을 마주치며 수업을 했다. 발표도, 칭찬도, 모두 그들에게 돌아갈 몫이었다. 시야 바깥의 학생들이 손을 드는 것을, 그들은 제대로 돌아보지 않았다. 어느새 내 역할은 그저 조용히 자리를 채우는 이름 없는 학생으로 구획되었다. 나는 대개 이름보다는 무작위의 번호로, 혹은 '너'라는 지칭 대명사로 불렸다. 그러면서도 나는 그들을 이해하고자 노력했다. 그때는 반마다 50여 명이 앉아 있었다. 그러니까, 우리 모두를 탐색하기는 무척 힘든 일일 테니 '면 대 면'의 수업을 하는 일은 어려울 것이다, 하고 미루어 짐작한 것이다. 어린 나이에 그러한 배려를 하고, 일찌감치 발표를 포기할 만큼, 나는 다수의 학생과 함께 강단의 시야에서 벗어나 있었다.

초등학교 시절, 교무실에서 언젠가 교사들의 대화를 얼핏 들은 기억이 있다. "6학년 3반의 S 학생은 참 수업 태도가 좋아요.", "네 3반은 S 학생만 보고 수업하면 되니까 참 편하죠." 서른이 넘어서도 어떤 오래된 상황이나 대화가 그 분위기와 질감까지 선명히 떠오르는 경우가 있는데, 나에겐 이것이 그중 하나다. S는 무척 우수한 학생이었다. 전교 1등을 놓치지 않았고, 어머니께서는 녹색어머니회의 회장직을, 아마 맡고 계셨다. 키도 크고 예쁘게 생겨서, 많은 선생님들의 사랑을 받았다. 그때의 나는 그저 나도 S 같은 학생이 되어야지, 하고 속 좋게 넘겼던 것 같다.

강단 위에 서보니, 실제로 S와 같이 눈에 먼저 들어오는 학생이 몇몇 있었다. 그들은 대개 앞자리에 앉았고, 눈을 반짝이며 수업을 들었고, 내가 질문하면 가장 먼저 손을 들었다. 나를 향한 호감의 눈빛도 아낌없이 주었다. 강의하는 입장에서 무척 사랑스러운 학생들이었다. 하지만 그 적극적인 태도를 존중하며, 나는 몇 번이고 마음을 다잡아야 했다. 그들의 즉각적인 반응에 기대고자 한다면 강의는 쉽게 풀어나갈 수 있겠지만 그 순간 강의실은 그저 몇몇 특정 학생을 위한 공간이 된다. 무엇보다도 눈에 먼저 띈다고 해서, 그것이 반드시 그들의 성실함을 담보하는 것은 아니다. 성실함이란 강의실에서 얼마나 치열하게 사유하는가의 정도로 측정되어야 한다. 강의실에 앉은 그 누구라도, 들러리로 만들고 싶지 않았다. 그래서 강의를 해 나가며, 몇 가지 다짐을 만들었다.

① 모두에게 공평한 시선을 주기

어느 한 지점을 바라보거나 몸을 기울이거나 하는 것을 되도록 피했다. 특히 질문을 할 때는 고개를 좌에서 우로 의식적으로 돌려가며, 모두에게 시선을 주려 노력했다. 어느 특정 학생에게 답을 기대하지 않는다, 라는 무언의 전달이었다. 누군가 의견을 발표할 때도, 그의 목소리를 경청하며 다른 학생들을 둘러보며 그들의 반응을 함께 살폈다.

② 모두의 움직임을 기억하기

손을 든 모든 학생들을 기억했다. 예컨대 약간의 순을 두고 다섯 명이 함께 손을 들었다면, 그 다섯 명의 순서와 이름을 모두 새겨 넣었다. 그리고 순서대로 모두에게 발언 기회를 주었다. 그에 더해 손을 들다가 말았다든지, 무언가 하고 싶은 말이 있는 것 같았다든지 그러한 경우에도, 제가 잘 보지 못했는데 A 학생도 손을 들었던 것 같습니다 혹시 그렇다면 발표해주십시오, 하고 청했다. 손을 들지 않았더라도 누군가에게서 발화의 가능성을 감지하면 그런 식으로 에둘러 물었고, 대개의 경우 해당 학생은 좋은 발표를 해주었다.

③ 학생 간 위계를 만들어내지 않기

강의실에서는 모두가 평등해야 한다. 내가 어느 특정 학생들에게 집중한다면 그것은 노골적인 '편애'가 된다. 학생 간 갑과 을의 위계를 스스로 만들어내는 강사들을 나는 많이 보아왔다. 그러면 강의실은 더 이상 집단 지성의 실험실이 아니며, 틀에 박힌 죽은 공간이 된다. 그리고 대부분의 학생들은 자신의 가능성을 박탈당한 채 '을'로 밀려나 들러리가 된다. 강의실에는 '갑'만 존재해야 한다.

이러한 다짐을 한 것은, 역설적으로 모두에게 시선을 주는 일이 생각보다 쉽지 않았기 때문이기도 하다. 잠시 긴장을 풀면 어느새 항상 손을 드는 몇몇과 소통하고 있기도 했고, 시야에서 벗어난 학생들의 지루한 모습이 다시 눈에 들어오기도 했다. 특히 오늘 강의는 참 학생들의 반응도 좋았고 분위기도 좋았어, 하고 느끼는 것이 얼마나 오만한 생각인가도 돌이켜 보게 되었다. 연구실로 돌아가는 길에 강의를 복기해 보는 버릇이 있는데, 어떤 날은 몇몇 학생의 얼굴만 떠오르고 다수의 얼굴과 이름이 흐릿하다. 내가 생각하는 가장 부끄럽고 나쁜 강의다. 반면 어느 날은 모두의 얼굴이, 발언이, 몸짓이 떠올라 전체를 구성한다. 내가 생각하는 가장 좋은 강의다.

    강의를 시작했던 학기에, 나는 서울로 대중 인문학 강좌를 들으러 다녔다. 인기가 많은 강사여서 그의 명성을 듣고 찾아온 수강생만 매주 100명이 넘었다. 강의는 수강생들의 질문에 강사가 답하는 식으로 이루어졌다. 배우는 것이 많아 주말마다 서울을 왕복하는 수고가 아깝지 않았다. 하지만 나는 곧 강사에게 실망했다. 그의 시야가 고작 20여 명에 한정되어 있는 것이 보였기 때문이다. 나는 질문을 위해 세 번이나 손을 들었지만, 한 번도 그의 시야에 들지 못했다. 강사의 선택은 무척이나 즉흥적이었다. 나뿐 아니라 선생님이 여길 좀 봐주었으면, 하고 아쉬워하는 수강생들의 반응이 여기저기에서 눈에 띄었다. 그래서 나는 곧 수강을 그만두었다. 내가 강단에 서기 이전이었다면 별로 상관하지 않았겠지만, '당신은 나를 볼 수 있지만, 그렇게 하지 않았다'라는 것을 이제는 알기 때문이었다. 강의실에서 가장 기쁜 순간은, 학생들이 '반짝반짝'할 때다. 좁은 시야에 갇힌 몇몇이 아닌 모든 학생들의 반짝임을 내가 느낄 수 있을 때다. 그것은 어떤 감성에 국한된 것이 아니라, 그들이 자신에게 부여된 가능성을 자각하고, 치열하게 사유하고 있음을 의미한다. 그렇게 모두를 반짝이게 하는 것이 나의 일이고, 모두를 갑으로 만드는 것이 나의 일이라고 생각한다.

강의실은 교수자와 학생이 '면 대 면'으로 만날 수 있는 공간이다. 서로가 눈을 마주치고, 교감하고, 소통하기에, 강의실은 비로소 존재 의미를 갖는다. 나는 모든 학생에게 '갑'의 역할을 부여하기 위해 강의실에 선다. 강의실을 을이 없는, 오로지 갑만 존재하는 '갑갑한 공간'으로 만들고 싶다. 그래서 초등학교 시절 교무실에서 들었던 그 대화를 앞으로도 오래 기억하려 한다. 애쓰지 않아도 종종 떠오르는 것이지만, 그러한 인간으로 강의실에 존재하고 싶지 않기 때문이다. 그 어느 교육기관에서든, 강의실의 모든 학생들에게 자신의 시선을 나누어주려 애쓰는 모든 선생님들께, 무한한 감사와 존경을 보낸다. 학생들이 그러한 선생님을 통해 자신을 성찰하고 가능성을 키워나갈 수 있길 바란다. 나도 모든 학생들에게 공평한 시선을 주고, 받을 수 있도록, 언제나 경계할 것이다.

5

"조별 과제에 불만이 많던 학생은 강사가 되어 강단에 섰다"

평범한 집단 지성의 인문학

나는 학부생 시절 '조별 과제'를 무척 싫어했다. 수강 신청 기간에 강의 계획서를 살펴보며 조별 과제가 있는 과목을 우선 지워나갈 정도였다. 누구나 경험이 있겠지만, 처음 보는 사람들과 의견을 조율해 발표한다는 것은 정말이지 힘든 일이다. 새내기 때부터 몇 건의 조별 발표를 거의 혼자 진행하며 나는 지쳐버렸다. 한번은 발표 당일에 네 명의 조원 중 나를 제외하고는 아무도 오지 않아서 혼자 발표를 진행하기도 했다. 늦잠을 잤다는 조원은 그나마 양반이었고 두 사람은 수강 철회와 군 휴학으로 그 후 얼굴을 볼 수 없었다. 결과나 과정이 만족스러운 조별 발표도 물론 있었지만 대부분의 경우 상처만 남았다.

어떤 교수들은 16주 강의 중 8주 이상을 학생들의 발표로 구성했다. 심지어는 전반부의 3주차 가량을 강의하고서는 나머지 주차를 모두 조별 발표로 채우기도 했다. 발표 이전까지 어떤 피드백이 없기도 했고, 발표 이후에도 별다른 코멘트가 없었다. 토론도 그저 형식적으로 이루어졌다. 주어진 특정 주제를 두고 학생들이 공부해 발표하고, 교수는 그것으로 그들을 평가한다. 학생들이 강의를 책임지고 교수는 방관자가 되어버리는 주객전도, 스무 살의 어린 학생이 보기에도 그것은 명백한 '직무 유기'였다.

60대의 어느 노교수는 자신의 학부 시절을 다음과 같이 회상했다. 어느 날 교수님이 오지 않고 조교가 들어오더라고, 그런데 교수님이 개인 사정으로 못 오시니까 라디오로 대체합니다, 하더니 교수님의 목소리가 녹음된 카세트 라디오를 틀어주고 나갔어, 한 학기 내내 교수님 얼굴을 못 보고 라디오로 목소리만 들었는데 그때는 그걸 당연하게 생각했지 허허. 그는 그 경험을 무용담처럼 이야기했지만 그 역시 16주 중 12주 가까이를 학생의 발표로 채우고 다음 주에 봅시다, 하는 피드백만 거의 하던 인물이었다. 시간이 흐르면 그 역시 누군가의 무용담이 될 것이다.

10년 후, 조별 과제에 불만이 많던 대학생은 시간강사가 되어 대학 강단에 섰다. 나는 강의 계획서를 작성하며 조별 과제 없이 강의만으로 꾸리고자 했는데, 결과적으로 3주차의 조별 발표 일정을 넣었다. 처음에는 그저 담당하는 강의가 조별 과제 커리큘럼을 구성하도록 권장되고 있기 때문에 그렇게 했다. 하지만 지금은 내가 가장 기다리는 시간이 되었다. 무엇보다도, 내가 학생들에게 배우는 것이 너무나 많기 때문이다. 집단으로 이루어지는 '발표'와 '토론'은 강의실이 왜 '집단 지성의 실험실'이 될 수 있는가를 증명해주었다. 하지만 최선도 최악도 될 수 있는 것이 조별 발표이기에, 학기를 거치며 과거의 경험에 비추어 몇 가지 원칙을 세웠다.

① 조별 모임은 수업 시간을 최대한 활용한다

조별 과제가 스트레스가 되는 가장 큰 이유 중 하나는, 바쁜 대학생들이 한 장소에 모이는 것 자체가 쉽지 않기 때문이다. 아르바이트, 동아리와 학생회 활동, 공모전 준비, 학원, 여타 과제 등으로 21세기의 청춘은 항상 바쁘다. 하지만 수업 중 조별 모임 시간을 가지면 모든 조원이 부담 없이 참여할 수 있다. 나는 발표 이전까지 2회 이상의 조별 모임 시간을 온전히 주었다. 무엇보다 좋았던 것은, 교수자가 즉각적인 피드백을 해줄 수 있다는 점이다. 학생들의 자유로운 의견을 가까이서 대면하며 듣는 것, 인식이 더욱 확장될 수 있도록 작은 조언을 해주는 것, 그래서 그들이 주변부에서 중심으로 스스로 이동하는 것을 경험하는 것, 모두가 큰 기쁨이었다. 그에 더해 학생들 개개인의 의욕과 참여도를 가늠할 수 있는 것도 장점이었다. 봄볕이 따뜻했던 어느 날은 야외 수업을 했다. 과자와 음료수를 사 주고 조별로 자유롭게 자리를 잡아 토론하도록 했다. 학보사 기자를 하던 Y가 이런 게 정말 대학 수업이구나, 하며 즐겁게 웃던 모습이 오래 기억에 남는다.

② 가장 가벼운 주제를 선택하게 한다

글쓰기 주제는 내가 잘 아는 것, 혹은 '내가 관심 있는 것' 둘 중 하나라도 충족해야 한다. 그렇지 않으면 글쓰기는 지루하고 고된 행위가 된다. 조원들의 합의를 통해 자유롭게 주제를 선택하도록 했다. 다만 한 가지 조건을 주었는데, 내 주변에서 문제를 포착해 사회 영역으로 확장하는 것, 이었다. 무거운 주제를 선택하는 것은 쉽고, 무겁게 풀어나가는 것 역시 누구나 할 수 있다. 하지만 그것이 자신의 삶과 어떻게 연관되어 있는지 성찰하는 일은 쉽지 않다. 나는 학생들이 자기 주변에서 문제 탐색을 시작해 그 어떤 사회적 문제든 주변의 영역으로 끌어올 수 있기를 바랐다. 주변의 가장 작고 가벼운 문제를 무거운 영역으로 치환하는 것이 가장 훌륭한 인문학적 성찰 방법이라고, 나는 믿는다. 이것을 잘 이해한 학생들은 정말로 훌륭한 발표를 해주었다.

③ 토론에는 모두가 참여할 수 있도록 하며, 나의 포지션은 교수이자 학생으로 한다

30분 발표, 20분 코멘트, 10분 쉬는 시간, 30~50분 토론으로 조별 발표를 세부 구성했다. 코멘트에서는 챕터 구성과 인용 방식, 발표자의 태도까지를 세밀하게 지적해주었다. 이것은 내가 1학년 학생들을 가르치고 있기 때문이다. 첫 주차 학생들은 거의 형식에 구애받지 않은 발표를 했는데, 각 주차가 거듭될수록 학생들은 점차 세련된 방식의 발표를 해나갔다(대신 전반부의 조원들에게는 플러스 점수를 주었다).

토론에는 점수 비중을 크게 두었다. 단 한 번도 참여하지 않은 학생은 원하는 학점을 받을 수 없을 거예요, 하고 공지했다. 그리고 나는 학생들에게 맡기고 한발 물러섰다. 자연스러운 토론이 되도록 지켜보았고, 의미 있는 방향으로 지속되지 못할 경우에만 참여해 작은 화두를 던져주었다. 가끔 '교수'가 되어 개입하는 일도 있었는데, 어느 학생이 '억지'를 부리는 경우에 한해서였다. 나는 토론의 승자가 되는 것은 딱히 중요하지 않다고 생각한다. 그보다는 자신의 부족함을 인정하고 상대방의 의견을 수용할 줄 알아야 한다. 이런 부분은 제가 부족했는데 덕분에 더 좋은 방향으로 수정할 수 있게 되었습니다 고맙습니다, 하고 말할 수 있어야 한다. 자신의 오류를 인정하지 않고 궤변을 늘어놓는 것은 최악의 토론자다. 연구자들이 모인 학회에서도 가끔 이런 경우를 본다.

④ 조장에게는 조원 평가의 권한을 준다

조장에게는 조원들에 대한 간단한 코멘트를 첨부할 권한을 주었다. 하지만 개인적인 감정에 치우칠 것을 우려해 모임 횟수와 출석률, 맡았던 역할과 성취도 평가 등만을 객관적으로 담도록 했다. 과제에 참여하지 않는 '프리라이더'를 미연에 방지하기 위한 고육책이었는데, 얼마나 실효성이 있었는가는 아직 잘 모르겠다. 다만 조장에게는 적당한 책임감을, 조원들에게는 긴장감을 주었던 것 같다.

나는 3주차 수업에 이르러 학생들에게 무작위로 구성한 조를 공지하고, 몇 가지 당부를 더했다. 위에 언급한 내용이 주를 이루지만, 요약하면 '성실하게 합시다' 하는 것이었다. 〈조별 과제 잔혹사〉*라는 짧은 동영상을 보여주었는데 반응이 좋았다.

중간고사 이후 12주차부터 조별 발표에 들어갔다. 학생들은 주변에서 문제를 포착해달라는 요구를 대부분 잘 수용했다. "우리는 왜 조별 과제를 하는가", "우리가 받는 용돈은 충분한가", "지방대 학생의 꿈", 이러한 주제들이 기억에 남는다. '용돈'에 대해 발표한 조는 대학생들이 받는 평균 용돈과 그것의 사용처를 분석했다. 과다 지출되는 항목에 대해 분석하니 문화비보다는 유흥비가 월등히 높았다.

그들은 대학가에 그 어떤 문화 시설도 없다는 데까지 인식을 확장했고, 그에 따른 해결 방안을 다양하게 내어놓았다. '지방대' 발표조는 서울 도심의 대학가와 자신들의 대학가를 위성사진으로 비교했다. 잘 구획된 도로와 빌딩, 논과 산으로 둘러싸인 학교 등 그 구도가 확연히 드러나자 학생들 사이에서 자조 섞인 웃음이 흘러나왔다. 하지만 대도시의 문화를 따르려 하기보다는 학교 주변의 환경을 이용해야 한다는 분석

---

* tvN 〈SNL 코리아4〉의 엠블랙 편(2013.6.1), 아이비 편(2013.6.8)에서 방영된 코너로, 조별 과제에 제대로 참여하지 않는 조원들을 만나 겪는 고충을 영화적인 기법을 활용해 구성하였다.

이 이어졌고, 지역 관공서의 도시 개발 계획을 열람해 구체적인 상을 그렸다. 도시환경학과 교수님의 인터뷰를 인용하기도 했는데, 학생들이 지역성을 어떻게 활용할 수 있을지 묻자 그는 무척이나 기특하게 생각하며 성실히 답해주었다.

가장 기억에 남는 발표는 "과 잠바와 디자인"이었다. 조원들은 주변을 둘러보니 대부분의 대학생이 '과잠'을 입고 있더라, 모두가 당연히 입고 다니는 이것에 대해 분석해보고 싶었다, 고 말했다. 과잠을 벗어 책상 위에 올려놓고 열심히 분석하고 있기에 나는 지나가는 말로 잠바에 엠블럼이 몇 개나 있을까, 하고 물었다. 그들은 하나, 둘, 셋, 세다가 몇 개가 있노라고 답했다. 그러자 어느 조원이 그러면 서울대 연고대는 몇 개의 엠블럼을 새기고 있을까, 하고 의문을 제기했다. 누군가가 내 친구가 연대에 다니니까 카톡으로 물어볼게, 라고 했고 그들은 곧 내게 정식으로 개별 면담을 요청했다. 연세대와 고려대는 잠바에 여섯 개의 엠블럼이 있고 서울대는 세 개, 그리고 서울의 모 중위권 대학은 두 개, 주변의 지방대는 한 개가 있어요, 하고 상기된 표정으로 내게 말했다. 그들은 디자인이라는 것이 각 집단의 자의식을 드러내는 수단으로 기능한다는 가설을 세우고, 발표를 준비했다. 그리고 발표 당일, 그들은 어렵게 구했을 각각의 과 잠바를 입고 강의실을 런웨이처럼 활보하며, 각 학교의 '과잠'이 어떤 식으로 스스로를 권력화하고 있는가에 대해 즐겁게 이야기했다. 나는 거기에서 한발 더 나아가 우리 사회의 '명품'들이 자신들의 상표를 어떻게 드러내고 있는지, 그것은 '과잠'과 어떻게 연결지을 수 있을지 성찰했으면 더욱 좋았겠다고 코멘트는 했지만, 어린 제자들의 인문학에 이미 충분히 감명받았다.

조별 발표와 토론을 통해, 나는 평범한 집단 지성의 힘을 항상 확인한다. 가능성을 열어주는 것만으로도 어린 학생들은 스스로 훌륭한 인문학을 생산해냈다. 여기에는 명문대생도 지방대생도 없고, 건강하게 사유할 줄 아는 학생들이 있다. 그들이 나름의 성찰에 이르고 웃음 짓는 모습을 보며, 나는 비로소 강의실에서 당당해졌다. 내게 더없이 좋은 '선생님'인 그들에게 언제나 무한한 존경을 보낸다.

물론 그러한 경험이 매시간마다 찾아오는 것은 아니다. 조원 간의 불화로 나를 찾아오기도 하고, 그저 구색만 갖춘 무난한 발표를 하는 조가 적지 않다. 조별 과제라고 하면 한숨부터 쉬는 학생들을 다독여나가는 것도 쉬운 일이 아니다. 특히 고학번 분반일수록 조별 과제에 대한 혐오감은 더 심하다. 매 학기마다 부족했던 점을 기억하고, 새롭게 반영하려 애쓰고는 있지만 쉽지 않다. "왜 조별 과제를 하는가"에 대해 발표한 학생들 역시, 조별 과제의 효용성에 대해서는 인정하면서도 그것을 구현할 구체적 대안을 제시하지는 못했다. 그래도 계속 고민해야 할 문제다.

6

"나는 학생들이 언제나 옳다고 생각하지 않아요"
강의실에 언제나 옳은 존재는 없다

　　지금까지 학생들의 가능성을 무한히 존중해야 함을 역설하면서 그들을 '지도 교수'나 '갑'으로까지 표현했지만, "학생이 언제나 옳다"라는 감성적인 말을 하고자 함은 아니었다. '교학상장', 가르침과 배움은 함께 성장하는 관계에 있다. 그러니까, 교수자도 학생도 모두 부족한 존재인 것이다. 모두 스스로 자신의 부족함을 인정하고, 그것을 상대방에게서 채워나가야 한다. 어느 한편이 자신과 다름을 용납하지 못하거나, 혹은 사유하기를 멈춰버리면 그곳은 더 이상 강의실이라고 할 수 없는 죽은 공간이 될 것이다.

나는 매 학기마다 한 번 이상은 학생들을 향해 '쓴소리'를 했다. 그것은 내가 더 이상 물러날 수 없다고 판단되는 어느 임계에서 이루어졌다. '꼰대짓'이나 '훈장질'로 여기는 학생들이 물론 없지 않았겠지만, 지금도 그에 대해 후회하지는 않는다.

① ㅈㄱㄴ

얼마 전 현직에 계신 고등학교 은사님을 뵐 일이 있었다. 이야기를 나누는 중 계속해서 핸드폰 알림음이 울려 잠시 꺼두려 했다. 학생들에게 이메일로 과제를 제출해달라고 한 마감일이었다. 서른 통의 이메일이 마감 시간을 불과 몇 분 앞두고 밀려들었다. 선생님께서 궁금해하시기에 학생들이 이메일로 과제를 제출하고 있다고 답했다. 마침 방금 도착한 이메일의 미리보기가 화면을 채우고 있었다. 동시에 나는 몹시 민망했는데, 본문 내용이 'ㅈㄱㄴ'였던 것이다. '제목이 곧 내용이다'라는 말의 줄임말 '제곧내'를 한 번 더 초성만으로 줄여 만든 신조어다. 선생님께 그 뜻을 말씀드리니 고등학교에서 편지 쓰는 법도 가르쳐서 내보내야 하는 모양이구나, 하고 씁쓸하게 웃음 지으셨다. 얄궂게도, 내게 '교학상장'이라는 단어의 뜻을 처음 알려주신 분이었다.

서른 통의 이메일 중 어떤 '내용'이 담긴 것은 서너 편에 지나지 않았고, 대부분에는 자신의 이름과 학번만이 적혀 있었다. 제목을 아예 지정하지 않고 본문도 없이 그저 첨부 파일만 담아 보낸 것도 많았다. 대단한 '아양'을 바라는 것이 아니다. 교수님의 수업을 잘 듣고 있어요, 정말 좋은 수업이에요, 열정적인 강의에 항상 감사합니다, 이런 서로를 민망하게 할 수사는 필요 없다. 제목을 구성하고, 적당한 안부를 묻고, 누가 무엇을 제출한다는 내용을 명시하는 정도로 충분하다. 그것이 텍스트를 주고받는 서로에 대한 예의이고, 교수와 학생 간이라면 더욱이 형식적으로나마 지켜져야 함은 당연하다. '학생→교수'가 아니라 '교수→학생'의 구도라고 해도 마찬가지다. 나 역시 학생들의 이메일에 답장할 때 언제나 먼저 안부를 묻고, 성실하게 수업을 들어주어 고맙다는 내용을 덧붙이고, ○○○ 드림, 으로 마무리한다.

'대학 국어'는 학생들에게 제도권의 글쓰기 양식을 가르치는 데에 그 목적이 있다. 그래서 강의 시간에 나는 "'ㅈㄱㄴ'의 부적합성"에 대해 말했다.

"이메일로 과제를 제출한다는 것은 두 개의 글쓰기를 한다는 말과 같은데, 대부분은 과제라는 글쓰기에만 초점을 맞췄습니다. 평가자에게 가장 먼저 노출되는 텍스트는 이메일이고, 그에 따라 여러분은 이메일의 작문에도 신경을 써야 합니다. 새로운 글쓰기의 형성과 더불어 등장한 여러 '실용 작문서'에서 언제나 빠지지 않는 것이 '서간문', 편지글 쓰기입니다. 굳이 편지라는 글쓰기 양식을 상기할 필요도 없이, 우리는 최소한의 예의를 서로 갖추어야 할 관계입니다. 제목을 쓰고 누가 무엇을 제출한다는 정도를 본문에 남겨주기 바랍니다."

다음 학기에 나는 'ㅈㄱㄴ'가 아닌 그 이상의 무엇과 다시 대면하게 될지 모른다. 그러나 그만한 일로 학생들에게 실망하지 않으려 한다. 반복되는 실수가 아니라면 그로 인해 감점을 하지도 않을 것이다. '가독성'만을 추구하는 '시대의 글쓰기'에 그들이 오랜 시간 노출되어온 결과다. 약간 얼굴을 붉혔던 것 같은데, 다음에는 조금 더 즐겁게 '쓴소리'하고 싶다.

② 정답이 중요한 게 아니야

자유롭게 토론하는 시간을 몇 차례 마련했다. 학생들이 만들어가는 집단 지성의 가능성을 확인하고, 때때로 그것을 확장해줄 수 있었기에 무척 즐거운 시간이었다. 그러면서도 나는 각자가 토론에 참여한 횟수와 그 기여도를 객관적으로 기록해야 했다. '상대평가'이기에 모두가 납득할 만한 객관적 데이터가 필요했기 때문이다. 학생들도 그것을 의식하고 있어서 가끔은 토론이 격해지기도 했다. 반박과 재반박이 이어지며 목소리가 높아지거나 책상을 주먹으로 두드리는 등, 험악한 분위기가 연출되기도 했다. 자주 있는 일은 아니었지만 나는 그럴 때면 중재에 나섰다. 한번은 자기 분에 못 이겨 울먹울먹하다가 모두가 그의 눈치를 봐야 할 만큼 날을 세운 학생, J가 있었는데, 그는 시종일관 자신과 다른 의견에 무조건 냉소적이었다. 그는 훌륭한 분석력을 갖추고 있었지만 그것을 말로 잘 풀어내지 못했다.

우리는 '정답'을 말하기 위해 많은 노력을 기울인다. 나 역시 학부생 시절에는 '정답'을 말하는 데에만 집중했다. 그러나 '평가자'의 입장이 되어 보니 더 중요한 것이 있었다. 특히 '면 대 면'의 발화, 토론이나 면접에 있어서 '정답'은 그다지 중요한 덕목이 아님을 알게 되었다. 흔히 상대방을 "찍어 누른" 이를 그 승자로 생각하기 쉽다. 하지만 그보다는 자신의 부족함을 인정하고 상대방의 의견을 예의 있게 수용하는 것, 그리고 그를 반영해 더욱 합리적인 대안에 이르는 것이, '이상적인' 토론자다. 여러 학회에서 발표와 토론을 거듭해본 좋은 연구자(교수자)라면 자신의 실책을 인정하는 것이 얼마나 어려우며 또한 훌륭한 행위인지 잘 알고 있을 것이다. 자신이 감당할 수 없다 싶으면 자신의 한계를 솔직히 고백해야 한다. 그에 더해 상대방의 의견을 감사히 수용하며 관련 공부를 충실히 해나가겠다고 덧붙이면, 그 어떤 평가자라도 감격할 수밖에 없을 것이다.

나는 토론을 잠시 중단시켰다. 그리고 모두에게, 무엇보다도 J에게 '토론'의 덕목이 어디에 있는지를 일러주었다. 아마 그리 와 닿지 않았을 것이다. 누구나 정답을 말하고 점수를 획득하는 일에 익숙해져 있다. 하지만 정답이든 오답이든, 그에 대처하는 자세가 더욱 중요함을 모두가 언젠가 체험하게 될 것이다. J는 가장 많은 가능성을 가진 학생 중 한 명이었다. 나는 "정답보다 중요한 것이 있다"라는 것을 여러 학회의 좋고 나쁜 토론자들을 통해 뒤늦게 배웠다. J가 나보다 어린 나이에 그것을 성찰할 수 있으면 좋겠다.

③ 엠티 가요, 휴강해주세요

학기 초마다 학과 엠티로 인한 휴강을 요청받는 경우가 종종 있다. 동일 분반으로 주로 학생이 구성된 경우에는 수업을 강행해도 대부분의 학생이 출석하지 않는다. 애초에 수업이 불가능하기에 웬만하면 휴강을 승인해주고 보강을 한다. 그런데 작년에 담당한 어느 분반의 경우 금요일 오전 9시에 모여 1박 2일의 엠티를 떠나겠다고 했다. 그러니까, 엠티에 참여한 학과 구성원들 모두가 하루 치 수업을 반납한 것이다. 금요일 오전 9시 수업이었는데, 결국 휴강을 선택할 수밖에 없었다. 학부 시절에 나 역시 학생회를 했지만 금요일에 엠티를 잡으면 대개 점심 이후에 출발하거나, 전공의 마지막 수업에 맞춰 후발대를 구성하는 것으로 일정을 꾸렸다. 수업이 있는 평일 오전부터 후발대도 없이 엠티를 떠난다는 건, 명백히 상식의 범주를 벗어나는 행위였다.

그런데 이번 학기에도 같은 일이 반복됐다. 같은 분반의 수업을 지난해에 이어 맡게 되었는데, 역시나 금요일 오전 9시부터 엠티 일정이 시작된다며 휴강을 요청해왔다. 나는 해당 학과의 학생회장을 만나보고 싶어졌다.

나는 학부생 시절 거의 모든 엠티에 참여했다. 첫 엠티에서 어느 여학생과 함께 강가에 앉아 말없이 조약돌을 만지작거리던 기억이, 좁은 방에 둘러앉아 즐겁게 했던 여러 게임의 분위기와 질감이, 아직 생생하다. 그 여학생은 불과 며칠 후 어느 분반 동기의 팔짱을 끼고 나타나 내가 자연스레 중간고사에 집중할 수 있도록 해주었다. 내가 첫 학기부터 장학금을 받게 된 가장 직접적인 이유다.

    엠티는 내 인생 어느 한 컷의 소중한 추억이다. 나는 모두에게 참여를 권장하는 편이다. 그럼에도 불구하고, 그 무엇도 '수업권'을 빼앗을 수는 없다. 어느 집단이든 스스로의 존재 가치를 위해 최후까지 지켜내야 할 보루가 있는데, 학생의 경우엔 '수업'이다. 학생회라는 학생 자치 기구가 스스로 수업권을 박탈하는 결정을 내린 것에 대해 나는 몹시 실망스러웠다. 그러한 의사 결정에 따라 1학년 학생들은 수업과 엠티를 선택해야 하는 처지에 놓였다. 노골적으로 말하자면, 학생회는 1학년 학생들의 수업권을 침해했다.

    나는 이번 학기 역시 휴강했다. 즐거워하는 제자들에게 재미있게 다녀오라는 말도 덧붙였다. 하지만 엠티에서 돌아온 그들에게, 다음과 같은 말을 해주었다.

    "학생의 수업권은 누구도 간섭할 수 없으며 끝까지 사수해야 하는 소중한 권리입니다, 만일 학교가 그 어떠한 이유로든 그것을 훼손한다면 참아서는 안 됩니다, 스스로 그 가치를 훼손하는 것은 가장 부끄러워해야 할 행위입니다, 여러분은 지금 온전히 피해자이지만 1년이나 2년 후에는 학생 자치 기구의 의사 결정권자가 됩니다, 그때 다시 지금과 같은 결정을 내린다면 저는 무척 실망할 것입니다."

내가 내년에도 다시 동일 분반을 맡을 확률은 희박하지만, 작은 변화를 기대하며 관심 두고 지켜보려 한다.

글이 연재되던 시점에, 지방시를 읽은 어느 연구자께서 "나는 학생들이 언제나 옳다고 생각하지는 않아요" 하고 연락해 왔다. 나 역시 그에 동의한다. 하지만 동시에 우리도 언제나 옳은 존재가 아니다. 나는 강의실에는 절대적으로 옳은 존재도, 그른 존재도 없다고 생각한다. 교수와 학생은 서로에게 '을'이 아니다. 상대방을 '갑'으로 존중하며 지식과 가능성의 스펙트럼을 자유롭게 펼치고 받아들일 수 있어야 한다. 내가 그러한 성숙한 인간으로 강의실에 서고 있는가는 스스로 확신할 수 없지만, 그래야 한다고 믿으며 오늘도 강의실의 문을 연다.

7

"내일 뵈어요"
우리 주변의 인문학

 나는 '웹툰'을 무척 좋아한다. 포털에 연재되는 여러 웹툰을 요일에 맞추어 챙겨 보는 것이 삶의 작은 기쁨이다. 〈마음의 소리〉, 〈덴마〉, 〈송곳〉, 〈질풍기획〉, 〈전자오락 수호대〉, 〈생활의 참견〉, 〈잉어 왕〉, 〈이말년 씨리즈〉 등이 내가 즐겨 보는 작품들이다. 스무 살 무렵에는 〈마린블루스〉가 좋아 꽃이 예쁘게 핀 선인장 화분을 책상 위에 올려두기도 했다. 나뿐 아니라 많은 또래들이 '성게 군'과 '선인장 양'의 매력에 빠져 있던 때다.
 웹툰 취향에 대해 갑자기 중언부언한 것은, 이 독특한 장

르를 '대학 국어' 강의에 활용했기 때문이다. 나는 웹툰이 대학생뿐 아니라 중고등학생에게 글쓰기를 가르칠 때도 무척이나 유용한 수단이 될 것으로 믿는다. 종이책 본문에서보다 오히려 일상의 다른 매개에서 더 많은 테스트를 접할 수 있는 시대다. 예컨대 간판도, 광고도, 어딘가의 낙서도, 모두 텍스트다. 그러한 총합은 우리가 굳이 수고롭게 읽는 종이책 본문의 양보다 월등히 많을 것이다. 2주차 강의에 들어간 나는 프로젝터 화면을 띄우고 네이버 웹툰 페이지에 접속했다. 학생들은 호기심 어린 표정으로 그 과정을 지켜보다가, 저마다 즐겨 보는 작품의 이름을 소리 높여 외쳤다. 웹툰을 일주일에 한 편 이상 보는 사람 손들어보세요, 하자 80퍼센트 이상의 학생들이 손을 들었다. 일주일에 한 편 이상의 글을 읽는 사람 손들어보세요, 하고 물었다면 사뭇 다른 반응이 나왔을 것이다.

나는 몇 년 전 10대 학생들에게 가장 인기가 많았던 어느 웹툰을 클릭했다. 그리고 1분 동안 시간을 줄 테니 이 컷에서 맞춤법과 띄어쓰기가 몇 군데나 잘못되었는지 찾아보세요, 하고 말했다. 말풍선 하나 분량에 불과한 두 줄 남짓의 문장이었다. 1분의 시간이 지나고 학생들에게 묻자 한 개부터 일곱 개까지 다양한 답이 나왔다. 정답은 여섯 개였다. 함께 나머지 분량을 보며 80여 개의 오류를 더 찾았다.

웹툰은 청소년들에게 가장 영향력 있고 접근성 쉬운 텍스트 매체다. 하지만 네이버와 다음 등 유명 포털을 통해 서비스되는 웹툰들조차 표준어 문법 규정을 준수하지 않고 있다. 작가마다 편차는 있지만 한 편당 10개에서 100개까지 다양한 오류가 드러난다. 구어체나 관용적 표현을 제외하고 접근해도 그렇다. 하루 이용자만 수백만에 이르는 거대 포털들이, 어떠한 맞춤법 검수도 없이 그저 작가의 개별 역량에 모두 맡기고 있는 셈이다. 웹툰 텍스트에 무방비로 노출된 청소년들이 잘못된 맞춤법을 그대로 체득하게 된다는 점에서 이것은 심각한 문제다.

기본적인 맞춤법을 모르는 사람이 좋은 글을 썼을 것이라고는 누구도 생각지 않는다. 국어학자 수준의 엄격함을 요하는 것이 아니라 상용되는 것들만 숙지하고 있어도 충분히 좋은 글쓰기를 할 수 있다. 띄어쓰기의 경우가 특히 그렇다. 나는 언젠가 논문을 쓰다가 띄어쓰기에 자신이 없어 어학을 전공하는 대학원생 둘에게 물었는데 서로 대답이 달랐다. 관형사로 보아야 한다, 관용어로 보아야 한다. 어떠한 명사로 보면 해석이 다르다, 하고 옥신각신했다. 누가 이길까 싶어 지켜보고 있는데, 다시 누군가 오더니 둘 다 틀렸다며 새로운 이론을 내놓았다. 결국 띄어 쓰든 말든, 해석에 따라 맞기도, 틀리기도 한 것이었다. 국립국어원장을 역임했던 모 교수는 언젠가 "나도 띄어쓰기가 자신 없다"고 인터뷰하며, 어문 규범이 개선되어야 함을 주장했다. 그만큼 띄어쓰기는 어려운 것이다. 그래서 그런 것은 전공자들에게 맡기고 우리는 일상의 규범을 지켜나가면 충분하다.

나는 웹툰 한 편을 함께 본 후, 성적 평가에 반영되지 않는 간단한 받아쓰기 퀴즈를 냈다. 강의 준비를 하는 동안 짬짬이 만든 문장을 활용했다. 학생들이 쉽게 틀릴 법한 것들과 내가 학부생 시절 어렵게 여겼던 것들을 모은 것이다. 예컨대 "밥먹은지한시간이지났다" 하고 말하면 "밥 먹은 지 한 시간이 지났다" 하고 받아쓰게 했다. 대학생이 되어 받아쓰기를 한다는 이질감에 키득키득 웃던 학생들이 문장이 거듭될수록 표정이 어두워졌다. 갈수록 난이도를 높였는데, 후반부에는 "저친구는날씨도좋은(데/대)어디좋은(데/대)놀러가(데/대)거기가그렇게좋(데/대)"와 같은 문장이 있었다. 여기에서는 '데'와 '대'의 몇 가지 용법을 구분하는 것이 핵심이 된다. 사실 많은 웹툰들이 인용으로서의 '대'와 경험으로서의 '데'를 대개 구분하지 못한다. 마지막 스무 번째 문장은 "내일봬요" 하는 것이었다. 퀴즈 전날 반장이 내게 "내일 뵈요" 하고 문자를 보냈기에 편입했다. 채점해보니 서른 명 중 열 명이 채 안 되는 학생이 "봬요" 하고 맞는 답을 썼다. 사실 이 맞춤법은 국문학과 학생들도 잘 모른다. 고백하자면 나도 대학원생이 되어서야 누군가의 핀잔에 따라 알게 되었다.

받아쓰기의 평균 점수는 30점대 중반이었고, 60점을 넘긴 학생이 드물었다. 성적 평가에 반영되지 않는다고는 했지만, 자신의 점수를 보고 모두가 민망해했다. 동기부여가 확실히 된 셈이어서 그것도 그런대로 좋았다. 채점한 답안지를 나누어주고 스무 개의 문장을 하나하나 풀어주었다. 가장 중요하게 다룬 것은 '내일봬요'였다. 기본형이 '뵈다'이고, 'ㅡ어요'가 결합하며 '뵈어요'가 되고, 그것을 줄이면 '봬요'가 된다. 그런데 결합식을 강의하는 것도 중요하지만, 이를 통해 꼭 전달하고픈 내용이 있었다.

"여러분은 국문학 전공자가 아니기 때문에 결합식을 외울 필요는 없고 원리만 간단히 이해해도 충분합니다. 그런데 저는 카톡을 보내거나 할 때 '봬요'라고 하지 않고 '뵈어요'라는 표현을 사용합니다. 대부분의 사람들이 '뵈요'가 맞다고 생각하기 때문입니다. 여러분은 언제나 내 주변의 사람들이 쉽게 이해할 수 있는 언어를 사용해야 하고, 소통하려 해야 합니다. 여러분은 대학에서 더욱 중요한 지식을 계속 배워나갈 것입니다. 점점 부모님보다 아는 것이 더 많아질 테고, 대화가 통하지 않는다고 곧 느끼게 될 수 있습니다. 하지만 '봬요'를 '뵈어요'로 풀어 쓰는 것처럼, 배운 것을 활용해 모두와 소통하는 연습을 해야 합니다. 그것이 바로 내 주변에서 시작하는 인문학입니다."

뭔가 무척이나 억지스럽지만, 이것이 내가 학생들에게 제시한 첫 번째 인문학이다. 그들이 어디에서든 '내일 뵈어요' 하고 쓰며, 겸손히 배우고 성장해나갈 수 있길 바란다. 그러한 사유를 이끌어내는 것이 지금 내가 할 수 있는 최선의 수업이라고, 믿는다.

학기가 끝나고 반장에게서 메시지가 왔다. "방학 잘 보내시고 다음 학기에 뵈어요"라고 해서 나는 "그래야 내 제자답지,• 고맙다" 하고 답해주었다. 그저 흔한 한 학기 인문학 교양 수업일 뿐이지만, 함께 사유하는 제자가 생긴다는 것은 참으로 기쁜 일이다.

• 웹툰 〈이말년 씨리즈〉에 등장하는 대사 "그래야 내 손님답지"의 패러디.

8

"교수님, 일베 하세요?"
강의실 안에서의 '정치적인 것'

'세월호'가 침몰했다. 2014년 1학기, 학생들이 한창 중간시험에 바쁠 무렵이었다. 누구나 그랬겠으나, 나 역시 뉴스 속보를 통해 뱃머리가 서서히 바닷속으로 자취를 감추는 것을 그저 먹먹하게 지켜보았다. 배가 가라앉을 수도, 백화점이나 다리가 무너질 수도, 있다. 하지만 이처럼 현재진행형의 재난이 생중계된 바는 없다. 국가가 급파했다는 헬기도 선박도, 그저 주위를 빙빙 돌기만 할 뿐 그 무엇도 하지 못했다. 우리는 국가의 무기력함을 목도했다.

4·16 이후 캠퍼스 곳곳에 노란색 리본이 나부꼈다. 애도

와 추모의 행위가 될 것이다. 그러나 시간이 지나며 분노와 저항의 의미가 더해졌다. 국가가 무기력했을 뿐만 아니라, 불성실하며 뻔뻔하기까지 했기 때문이다. 애초에 4·16에서 우리 모두 확인하고자 한 바는 '국가가 최선을 다해 국민을 구조하는 것'이었다. 혹은 '자국민 구조에 실패한 국가가 진심을 다해 사죄하는 것'이었다. 그러나 대한민국은 그 무엇도 제대로 하지 않았다. 나는 국가의 행태에 깊이 실망하고, 분노했다.

캠퍼스의 노란색 물결과는 별개로, 강의실에서 세월호와 관련한 발화는 거의 나오지 않았다. 정해진 커리큘럼을 따라가다 보니 곧 종강이었다. 그것이 강의실 안에서 의미화될 수 있었던 것은 아마도 2014년 2학기에 이르러서였다. 노란색 리본을 가방에 붙인 몇몇 학생들과 마주할 수 있었던 학기이기도 하다. 그러나 세월호에 대한 발화는 무척이나 제한적인 방식으로 이루어졌다. 그것이 '정치성'을 가진 기표로 변질되었기 때문이다. 세월호에 대한 대중적 관심은 '특별법 제정'으로 수렴되어, 보수와 진보 흑백 논쟁으로 치닫고 있었다.

나는 강의실에서 '정치적인 것'을 다루는 데에 무척이나 조심스럽다. 나는 평범한 정치적 인간이고, 그에 따라 내가 기대고 있는 '주의'가 있다. 하지만 내가 옳다고 생각하는 진영의 논리를 학생들에게 내비친 바는 아직 없다. 내 주변의 대학원생이나 젊은 강사들은 대부분 진보적 성향을 지니고 있다. 그 안에서도 많은 분파가 있어서 간단히 분류해낼 수가 없다. 투표권을 가진 이래 녹색당만 지지해왔다는 선배도 있고, 노동당의 당원 신분을 유지해오다가 정의당으로 옮겨 간 후배도 있고, 어떤 가치 판단 없이 그저 노무현에 대한 향수만 가득한 이들도 있다. 물론 새누리를 지지하거나, 무상 급식에 반대하며 보수 성향의 교육감에게 자신의 표를 행사한 주변인도 있다. 이처럼 각 개별 주체의 정치성은 다양한 스펙트럼으로 존재할 수밖에 없다. 이것은 옳고 그름이 아니라 너와 나의 다양성으로 존중받아야 한다. 교수와 학생의 관계에서도 마찬가지다. 학생들 역시 자신이 추구하는 정치적 이상이 있다. 어떤 '주의'를 끌어와 포장해 내지 않더라도, 모두의 일상은 언제나 정치적이다. 어떤 현상을 보고 누군가는 편안함을, 다른 누군가는 불편함을 느낀다. 그러한 즉각적 반응 역시 모두 저마다에게 내재된 정치성에 따른 바다.

최근의 학생들이 재편해낸 '정치성'이라는 것은 이전과는 달리 '합리성'에 더욱 기초해 있다. 어느 학생은 내게 "김관진 국방장관 같은 진보적 인물이 참 좋아요"라고 말했다. 잘못

들었나 싶어 잠시 고민하다가 "왜 그를 진보적 인물로 생각하니?" 하고 묻자, 그는 "군 가산점 제도에 대해 찬성하잖아요" 하고 답했다. 그러니까 그는, 군 가산점 제도에 찬성하는 행위를 '진보적'인 것으로 인식하고 있었다. 많은 학생들이 더 이상 진영의 논리나 그간의 '주의'의 틀에 구애받지 않는다. 자신이 상식과 합리라 믿는 것들을 모두 수용해내는 태도를 보인다. 그래서 김관진과 안철수는 '진보주의자'가 된다. 많은 학생들이 이전과는 다른 새로운 정치성으로 스스로를 무장하고 있다. 이것은 물론 그들이 사상사적 학습에 노출될 일이 적었던 때문이기도 하지만, 정치성이 세대에 따라 부분적으로나마 재편될 수 있다는 것을 우리는 염두에 두어야 한다.

나는 강의실의 학생들이 '스스로 사유하는 주체'가 되기를 소망한다. 강단 위에 선 교수자가 자신의 정치성을 드러내는 것은 옳은 방법론이 아니라고 믿는다. 그것은 학생들을 사유의 주체로 두는 것이 아니라, 오로지 자기 자신만을 주체로 두는 행위이기 때문이다. 교수자를 존경하고 신뢰하는 만큼, 학생들은 어떠한 고민이나 성찰 없이 그에 이끌리게 된다. 혹은 학점을 얻기 위해 그렇게 한다. 그것은 건강한 토론이나 교육이 아니라 그저 '강요'가 될 확률이 높다. 교수자는 자신의 말을 줄이고, 학생들이 올바른 방식으로 사유할 수 있도록 도와야 한다.

2014년 2학기에는 결국 어떤 학생이 세월호를 화두로 제시했다. 나는 굳이 먼저 토론의 주제로 삼지는 않았지만, 학생에게서 나온 세월호 발화를 반갑게 맞아들였다. 그리고 모두에게 자신의 세월호는 어디에 있는가를 물었다. 세월호는 자신의 가장 가까운 주변에 있고, 모든 인간은 이미 세월호의 선장임을 학생들이 스스로 인식할 수 있길 바랐다.

우리 모두는 지켜야 할 소중한 존재가 있다. 가족, 연인, 친구 그리고 학생, 선후배, 관계 맺고 있는 그 누군가를 위해, 서로는 선장이자 승무원으로서 자신의 책임을 다해야 한다. 배에 물이 들어찬다고 해서 구명조끼를 입고 홀로 헤엄쳐 도망갈 가장은 없다. 연인에게 상처를 주는 이나 강의 준비를 제대로 하지 못하는 교수는, 승객들을 버려두고 홀로 탈출한 세월호 선장과 다를 것이 없다. 세월호를 통해 나는 그동안 얼마나 부끄러운 선장이었는가 아프게 깨달았다. 세월호의 선장을 비난하는 것으로 1차적 사유가 끝나서는 안 되고, 나는 한 사람의 선장으로서 부끄럽지 않은 삶을 살아내고 있는가를 성찰하는 태도가 필요하다.

2014년 2학기에는 가방에 노란 리본을 붙이고 다니는 학생이 두 명 있었다. 쉬는 시간에 우연히 보고는, 리본이 참 예쁘네, 하고 말해 주고 싶었지만, 그러지 못했다. 누군가에겐 정치적 행위로 보일 것이고, 그에게 편향적 인물로 비추어질 것이 두려웠다. (나는 참으로 나약한 인간이다.) 이처럼 강박에 가까운 자기 검열을 거치는 것 역시 문제가 있다고 생각하지만, 그것은 동시에 강단에 선 한 인간이 짊어져야 할 무게일 것이다. 종강하는 날 따로 불러 리본이 참 예뻤다, 고맙다, 하고 말해주고 싶었는데, 결국 생각에 그치고 말았다. 그것은 부끄러운 일이다. 6개월을 더 기다려 2015년 4월 16일, 세월호 1주기에야 비로소 근황을 물으며 그때의 감정을 전했다.

언젠가 학생이 내게 "교수님 일베 하세요?" 하고 추궁하듯 물었다. '일간베스트'와 '오늘의 유머', 두 인터넷 커뮤니티를 주제로 조별 발표를 하겠다기에 "제가 혹시 일베나 오유 유저라도 괜찮겠어요?" 하고 농담 삼아 한마디 했더니 그는 그렇게 반응했다. 민감한 주제가 될 것임을 조언해주려고 가볍게 꺼낸 말이었는데, 지금 생각해보아도 명백한 나의 실수다. 내가 어느 쪽의 유저든 그런 것이 가치판단의 기준이 되어서는 안 되는데, 내가 앞장서서 그들의 가능성을 박탈해버렸다. 그들은 결국 발표 주제를 바꾸었다. 일베의 객관화는 그에 대한 옹호로 비추어질 수 있고, '일베 하는 사람'으로 낙인찍힐 것이 두렵다고 했다. 나의 발언과는 관계없는 변덕이었겠으나, 나는 못내 아쉬웠다.

나는 '일베'도 '세월호'도 그 무엇도, 수업의 주제로 반갑게 다루고 싶다. 나는 학생들이 그를 통해 스스로 사유하는 주체가 될 수 있길 바란다. 모두의 정치적 좌표는 다를 수밖에 없고, 그 누구에게도 자신의 정치성을 강요할 수는 없는 일이다. 다만, 어떤 진영 논리를 펴더라도, 그것이 자신의 사유와 성찰을 통한 것이라면 그 자체로 무한한 존경을 보낼 준비가 되어 있다. 그러기 위해서는 나부터, 주체적으로 사유하는 인간으로 언제나 존재해야 한다. 그래야 비로소 작은 배의 '선장'으로 살아갈 수 있을 것이다.

9

"교수님 논문도 검색해주세요"
강의와 연구 사이의 균형 찾기

언젠가 개강을 앞두고 강사들이 모두 모인 자리에서 학과장은 다음과 같이 말했다. "논문 열심히들 써요. 강의 평점 같은 거 적는 난은 이력서에 없습니다, 그렇다고 강의 대충 하란 말은 아닌 거 다들 아시죠?" 잠시 혼란스러웠으나, 곧 둘 다 잘하라는 내용임을 알았다. 학과장의 조언은 일면 차갑게 느껴지기 쉬우나, 실상은 연민 어린 말이다. 그저 강의나 잘하면 된다, 고 하면 될 것을 젊은 강사들의 앞날을 고려해 강의와 연구의 우선순위를 잘 마련하라, 고 한 것이다. 그래서 그가 야속하거나 원망스럽지 않았고, 그저 자신의 위치에서

할 말을 했다고 생각하고 말았다.

강의와 연구는 제도권에 발을 들인 이상 반드시 함께 해 나가야 한다. 어느 하나를 제대로 해내지 못한다면 대학에서의 존재 근거를 잃는다. 어느 편에 더 가치를 둘 것인가는 본인의 선택이다. 물론 강의 평점도 높고 연구 성과도 좋다면 더할 나위 없겠지만, 두 마리 토끼를 모두 잡기란 쉽지 않다. 그런데 우리에게 당장 급한 것은 '연구 성과', 그러니까 '논문'이다. 강사 공개 채용이든 교수 공개 채용이든, 대학 인력시장에서 점수로 계량화되는 것은 논문의 편 수다. 지원자가 지금까지 몇 편의 논문을 학술진흥재단 등재지에 게재했는가, 최근 3년 동안에는 몇 편을 썼는가 하는 것을 체크해 점수로 변환한다. 강의 경력도 참고 사항인 것으로 알고 있지만, 그가 학생들에게서 몇 점의 강의 평점을 받았는가는 전혀 고려 대상이 되지 않는다. 그러니까, 연구든 강의든 어떻게, 하는가 보다 더 많이, 하는 것이 중요한 것이다.

많은 시간강사들에게 강의는 부족하나마 당장 오늘의 생계를 해결해주는 수단이고, 연구는 내일의 생계를 위한 희망이 된다. 그래서 적당히 강의하고 자신의 논문을 한 편 더 쓰는 것이 자신의 미래에 도움이 될 것을 모두가 안다. 강의 준비를 하는 대신 논문 자료를 한 줄 더 읽고, 과제 첨삭을 하는 대신 논문을 한 줄 더 쓰면 된다. 강의실에서도 그저 정해진 교재의 진도만 나가면 그만이다. 그렇게 아낀 시간과 에너지는 연구뿐 아니라 생계를 위한 다른 아르바이트를 할 여유도 만들어줄 것이다

그런데 살다 보면 대개 '강의>연구'로 기울어진다. 많은 시간강사들이 연구실에서 정작 논문은 열어보지 못한 채, 강의 준비나 학생들의 과제 평가와 첨삭에 바쁘다. 선배 강사 L은 학생들의 과제물 첨삭에 무척 공을 들인다. 언제나 서른 명 모두의 리포트마다 빨간 펜으로 첨삭을 해 돌려준다. 단어 선택이나 문장 구조, 문체, 문단 구성에 이르기까지 섬세하게 해낸다. 그러면 거진 일주일 동안은 새빨개진 눈으로 그것만 한다. 보기 안쓰러워 논문 마감도 얼마 안 남았는데 적당히 해요, 하고 조언 아닌 조언을 하면 그래도 할 건 해야지, 하며 한숨인지 뭔지 모를 담배 연기를 함께 내뱉는다. 나는 그저 총평을 곁들이거나 공개 첨삭을 하는 선에서 타협했기에, L의 모습은 정말이지 존경스럽다. 시간강사의 노력이 그저 강의 시수에 따른 시급으로만 평가받아서는 안 되는 이유다. 그리고 내 주변엔 수많은 L이 있다. 그들이 강의 준비를 하는 시간만 해도 한 학기의 강의 시수를 훌쩍 뛰어넘는다. 그렇게 한 학기를 보내고 나면, 대개의 경우 논문은 다음 학

기에나 마감해야겠다, 하는 부차적 대상이 되곤 한다. 누군가는 방학을 이용해 연구에 매진하면 되지 않겠느냐 묻겠지만, 그렇게 여유 있는 시간강사는 흔치 않다. 4개월 단위의 계약이니 방학 중엔 월급이 나오지 않기에, 우선 생계를 꾸리는 것이 급하다. 나는 학기 중에도 강의가 없는 날은 맥도날드에서 아르바이트하고, 일주일에 한두 개의 번역 일감 같은 것을 받아 와 일한다.

사실 '연구'는 무척이나 모호하고, 허울 좋고, 비사회적인 단어다. 노동 행위로 인정받기 힘들뿐더러, 보수가 지급되는 경우도 극히 드물다. 연구뿐 아니라 소설, 음악, 영화 등 모든 창작 활동이 그러하겠지만, 최저 시급의 기준조차 정할 수 없다. A4 용지 한 쪽을 쓰는 데에 하루가 꼬박 걸리기도 하고, 일주일, 길게는 몇 주일을 잡아먹는다. 그렇게 몇 개월, 몇 년을 연구해 학회지에 그 성과를 발표해도, 그 어떤 수입이 없다. 오히려 학회는 논문을 투고한 연구자에게 가입비, 연회비, 심사비, 게재비 등을 요구한다. 적게는 15만 원에서 많게는 30만 원 정도다. 그에 더해 보통 원고지 120매를 기준으로 1매 추가분마다 5,000원씩을 더 받는다. 참담한 심정으로 자료 인용을 줄이고, 문단을 통으로 삭제한다. 그래도 언제나

140매는 넘어간다. 나는 지금껏 많은 논문을 썼지만, 아직 한 번도 '글값'을 받아보지 못했다. 학술진흥재단의 연구자 지원 제도는 대부분 정규직 교수를 위한 것이고, 박사과정 수료 신분의 시간강사가 지원할 수 있는 항목은 아예 없다. 물론 내 연구가 학술진흥재단 등재지에 게재 판정을 받고 좋은 연구자의 논문에 피인용된 것을 봤을 때 느끼는 기쁨은 돈으로 환산할 수 없을 만큼 큰 것이다. 하지만 연구자에게 연구는 어떠한 방식으로든 '숭고'가 아닌 '생계'가 되어야 한다. 역설적으로, 그래야 강의에 충실할 수 있다.

강의와 연구의 우선순위를 정하는 것은 생계와 자존감이 뒤얽힌, 시간강사 개인에게는 가장 막중한 선택 중 하나다. 누군가 어느 편에 집중하기로 하든, 그것은 존중하지 않을 수 없다. 나태함이나 관성화된 것은 물론 비난받아 마땅하겠지만, 둘 모두 잘해낸다는 것은 그야말로 하나의 '사투'에 가까운 일이 된다. 나 역시 첫 학기에 지도 교수를 찾아뵙고 강의 준비 때문에 당분간 논문에 집중하지 못할 것 같다, 고 말씀드렸다. 그리고 정말 한 학기 동안은 논문을 거의 쓰지 않았다. '연구>강의'가 맞다 생각하면서도, '강의>연구'의 삶을 살았다. 그것이 학생들을 위한 길이라고도 생각했다. 그래서 논문 마감이 얼마 남지 않았다거나 학회 일정이 바쁘다거나 아르바이트 때문에 몸이 힘들다거나 다음 학기 임용에 확신이 없다거나 하는 피로감은 접어두고, 학생들과 대면했다.

나는 학기 초마다 학생들에게 '논문 인용법'에 대해 반드시 강의해 왔다. 그러면서 DBPIA와 RISS(학술연구정보서비스)에 대해 알려주고, '교수님들의 해피캠퍼스' 같은 곳이라고 덧붙였다. 두 사이트에서는 학회지에 게재된 여러 논문들을 검색해 다운로드받을 수 있다. 어느 학기에는 몇몇 학생이 교수님의 논문도 검색해주세요, 하고 손을 들었다. 학생들에게 연구, 학회, 학술진흥재단, 이러한 단어들에 대한 이해는 적을 테고, 그저 자신을 가르치는 교수자가 몇 편의 논문을 썼는지 궁금했을 것이다. 나는 논문 데이터베이스의 인문학 디렉토리에서 내 이름을 검색했고, 최근 나온 논문의 목록을 보여주었다.

많지는 않지만, 그런대로 몇 편이 검색되어 다행이었다. 그런데 여러 학생들이 저마다 어떤 이름을 대며 검색해보고 싶어 했다. 아마 그들의 각 수업을 담당하고 있는 교수일 것이다. 그때부터 나는 강의와 연구가 어떤 우선순위 없이 서로 연동하는 개념이라 생각하게 되었다.

석사과정생 시절에, 대학 평가에 대비하기 위해 여러 학과 교수들의 연구 업적을 정리하는 일을 했다. 내가 했던 대학의 많은 '잡일' 중 하나다. 논문 데이터베이스에서 찾는 데는 한계가 있어서 이메일을 보내 최근 몇 년간의 연구 업적을 부탁드렸는데, 단 한 편의 논문이나 저서도 없다고 답한 교수들이 적지 않았다. 함께 일하던 동기는 이 사람들은 왜 교수를 하는 걸까, 하고 중얼거렸고, 나도 같은 심정이었다. 교수님의 논문도 검색해주세요, 하는 학생의 요구를 누군가는 무례함이나 당돌함으로 여길지 모른다. 하지만 돌이켜 보니, 몇 년간 한 편의 논문도 쓰지 않고 강의실에 서는 행위가 오히려 학생들에게 무례한 것이다.

나는 그저 평범한 연구자다. 논문의 편 수가 그다지 많은 것도 아니고, 훌륭한 연구를 했느냐 묻는다면 더더욱 아니다. 학과장의 말대로 강의도 잘, 연구도 잘, 하는 것은 아마도 무척 버거운 일이 될 것이다. 지금 하고 있는 몇 가지 아르바이트를 당장 그만둘 수 있는 상황도 아니다. 하지만 그저 강의와 연구의 어떤 우선순위를 두지 않은 채, 강의실에서, 연구실에서, 스스로 부끄럽지 않을 만한 최소한의 노력을 지속해 나가려 한다. 대학을 배회하는 유령과도 같은 시간강사의 삶이건만, 강의실과 연구실에서만큼은 '노동자'로서, 존재하고 싶다. 특히 강의실에서 느끼는 당당함도, 부끄러움도, 대학 인력시장의 이력서에는 남지 않겠지만, 스스로의 이력서에는 남는다. 교수님의 논문도 검색해주세요, 라는 학생의 요청에, 다음 학기에도 어떻게든 화답할 수 있어야, 대학 노동자로서의 존재 근거를 만들어낼 수 있을 것이다.

10

"지몽미 그게 뭐야"
'신종족'과 소통하는 '젊은 교수님'

강의실에서 나는 주로 '교수님'이나 '선생님'으로 불린다. 가끔은 '강사님'이라며 내 정확한 직위를 상기해주는 학생들도 있고, 간혹 '저기요' 하는 말도 듣는다. 굳이 호칭을 어느 하나로 바로잡아준 일은 없지만 '저기요'에게는 "여기는 식당이 아니잖아요" 하고 가볍게 주의를 주었다. 그런데 가끔 '형'이나 '오빠'라는 호칭도 듣는다. 물론 의도적인 것은 아니고 대부분의 학생들이 곧 민망해하며 사과하곤 한다. 처음에는 아이 뭐 그럴 수도 있죠 괜찮아요, 하고 그저 멋쩍게 웃고 말았으나, 요즘에는 듣기 참 좋은 소리네요, 하고 가볍게 받아주기도 한다. 사실 서른이 넘은 나이에 어디 가서 형이나 오빠라는 호칭을 듣기도 쉬운 것이 아니어서 무척 싱숭생숭해지는 것을 어쩔 수 없다. 학생들 앞에서 내색하지는 않았지만 나 아직 대학생처럼 보이나 봐, 하고 친구들에게 자랑했다가 면박을 듣기도 했다.

　서른한 살에 강의를 시작했으니, 스무 살 학생들과 정확히 열한 살의 나이 차이가 났다. 학생이라기보다는 '동생이나 후배'라는 친근한 생각이 종종 들었다. 누군가 형, 하고 불렀을 때 응 왜? 하고 답하려다가 말을 삼킨 경험도 있다. 나만의 생각이었는지 모르겠지만, 그만큼 세대적 경계선이 명확하지 않았다. 그런데 '젊다'는 것이 얼마나 큰 자산인지, 나는 점차 피부로 느낄 수 있었다.

　2015년 1학기 초, '목차 구성법'에 대해 강의하던 중이었다. 제목에는 핵심 키워드와 글의 방향성이 함께 드러나야 하고, 그것이 충족된다면 개성 있게 표현해도 좋다, 하는 내용이었다. 그러면서 나는 논문 데이터베이스에 접속해 어느 논문 한 편을 다운받아 그 목차를 보여주었다. "둘만을 위한 '완소' 공간 활용하기"라는 소제목을 보고, 학생들은 의아해했다. 그래서 나는 그 어떤 용어든, 예컨대 '완소'든 '지못미'든 '안습'이든 사용할 수 있다고 답했다. 대신 작은따옴표(' ') 부호를 반드시 표시해주어야 한다고 덧붙였다. 작은따옴표는 글쓴이가 해당 용어를 어떤 특별한 의미를 담아 의도적으로 사용했음을 나타낸다. 학생들은 고개를 끄덕이면서도 내가 예로 들었던 지못미와 안습에 대해 이의를 제기했다. 요즘 누가 그런 용어를 쓰느냐는 다소 장난스러운 반응이었다. 내가 생각해보아도 뭔가 부적절한 예시구나 싶었다. 첫 강의를 시작한 2013년에야 상용어였다지만, 요즘은 그렇지 않은 것이다. 그래서 나는 그, 그러면 예시를 바꾸겠습니다, 하고 답하고 어느 때보다도 더 열심히 기억을 더듬다가 '버카충•••'이라고 말해버렸다. 학생들은 "에이" 하고 야유를 보냈다. 다시 고민을 거듭하다가 그, 그러면 '개이득'은 어떤가요, 했더니 모두가 "오" 하고 박수를 보냈다. 누군가가 그런 건 어떻게 아세요, 하고 물어서 저도 인터넷 합니다, 하고 답해주었다. 민망하고 우스꽝스러운 에피소드지만, 나는 강의실을 나서면서

• 이안나, 「모텔 이야기: 신자유시대 대학생들의 모텔 활용과 성적 실천의 의미 변화」, 『여성학연구』, 2013. 2. 이때 '완소'는 '완전히 소중한'의 줄임말이다.
•• '안구에 습기찬다'라는 의미로, 왠지 눈물이 차오를 듯 안타깝고 짠한 상황에 사용한다.
••• '버스카드 충전'의 줄임말.

전에 없던 위화감이 들었다. 언젠가 학생들과 일상어로 소통이 되지 않는 때가 반드시 오겠구나, 싶었다. 그것은 내 노력으로 극복하기 힘든 세대적 경계선이 될 것이었다. 그래서 나는 '젊다'는 것이 얼마나 큰 자산인지 느꼈고, 동시에 곧 상실하게 될 '젊음'이 애틋해졌다.

대학원생 조교를 하던 시절, 학과 사무실에서 잠시 쉬던 어떤 50대 시간강사께서는 학생들을 '새로운 종족'으로 규정해냈다. 학생들의 일상어를 전혀 이해할 수 없다는 것이 그 이유였다. 예를 들면 '지못미'가 대표적이었다. 지못미 그게 뭐야, 하고 물으셔서 나는 지켜주지 못해 미안해, 를 줄여 말하는 겁니다, 하고 답해드렸다. 선생님께서 다소 복잡한 표정을 지으셔서 나는 아니 TV만 틀어도 늘 나오고 인터넷에 널려 있는 건데 왜 모르지, 하고 순간 한심하게 생각했다. 지금 돌이켜 보면 무척이나 죄송한 일이다.

모든 '선생님'들은 학생과 소통하기 위해 부단히 노력한다. 그것은 세대적 좌절을 겪은 이들이 그 경계를 넘어서려는 위대한 시도로 존중받아 마땅하다. 내가 석사과정을 밟을 때 함께 자취하던 B는 운 좋게 서울 모 대학의 교양 강의를 얻어 일주일에 두 번씩 서울과 지방을 왕복했다. B가 새벽부터 말쑥한 정장을 차려입고 오늘도 좋은 하루, 하며 밝게 웃고 출근하면, 나도 주섬주섬 학과 사무실에 올라갈 준비를 했다. 그런 그는 대개 자정이 다 돼서야 돌아왔다. 네 시간의 강의를 위해 훨씬 더 긴 시간 동안 운전을 한 그는 거의 파김치가 되어 있었다. 기름값도 나오지 않는 강의였건만, 그는 이마저도 감사한 경험이라며 성실히 출퇴근했다. 가끔 울상이 되어 들어오기도 했는데 그럴 때면 눈앞에서 뭐가 번쩍하더라고 과속카메라를 또 못 봤어, 하고 말했다. 그러니까 하루 종일 일하고 오히려 국가에 세금 몇만 원을 내고 오는, 그런 성실한 국민이 되는 것이다. 한번은 그를 기다려 치킨과 시원한 맥주를 내놓았다. 지쳐 있던 그는 필요 이상으로 감사하게 술상을 맞이했다. 그래서 나도 무척이나 뿌듯했다. 강의는 힘들지 않느냐 물으니 학생들이 도무지 웃지를 않아, 하고 답했다. 내가 아는 한 B는 '지몽미'를 물었던 50대 시간강사보다 더하면 더했지, 도무지 인터넷이든 TV든 관심이 없는 사람이었다. 대신 공부는 참 열심히 했다. 그는 내게 대뜸 학생들을 웃길 한마디를 알려달라고 부탁했다. 효과가 있으면 '치맥'을 사겠다고 해서, 나는 꽤 오랜 시간 고민했던 것 같다.

"'하지만 내 여자에겐 따뜻하겠지*'가 어떨까요."

나는 당시 즐겨 보던 웹툰에서 나온 유행어를 그에게 소개했다. 그는 그게 뭐야, 하는 표정을 지으면서도 고맙다고 말했다. 술자리가 끝나고, 나는 그 유행어를 현실에 적용했을 때 어떤 일이 벌어질까 잠시 생각해보았는데, 누가 와도 분위기를 살리기 힘들겠다는 생각이 퍼뜩 들었다. 그러다가 뭐, 형님이, 알아서, 하겠지, 하고 말았다. 2주가 지나고 역시나 자정이 다 되어 퇴근한 B의 손엔, 치킨과 맥주가 들려 있었다. 나는 난데없는 야식에 기뻐하며 그를 반갑게 맞이했다. 곧 자리를 마련하고서는 맥주를 가득 담아 건배하는데, 그가 무척이나 슬픈 표정으로 말했다. "그거 해봤는데, 반응이 너무 없어서 내가 실수했나 싶어서 한 번 더 써먹었어, 근데 아무래도 나는 안 되려나 봐. 미안하다." 그러고서는 이번 학기 강의 평점은 기대하지 말아야겠어, 하고 덧붙여서 나는 뒤늦게 엄청난 죄책감에 시달렸다. 그에게 사죄의 의미를 담아 맥주를 꾹꾹 눌러 담아주었다. 그리고 술자리가 파할 무렵 조심스레 말했다.

"저…… 형님 혹시 지못미라고 아시나요……."

B는 지금도 내가 가장 존경하는 선배 강사 중 한 명이다. 언제나 열심히 연구하고, 강의 준비를 게을리하지 않는다. 무엇보다도 학생들과 소통하기 위해 언제나 노력한다. 더 이상 나에게 요즘 학생들이 많이 쓰는 유행어가 뭐니, 하고 묻지는 않지만 종종 "'웃프다**'는 게 뭔 줄 알아? 넌 아마 모를 거야. 내가 어제 배운 건데 이게 뭐냐면 말야……" 하는 식으로 나를 '웃프게' 만들곤 한다. 나는 학과 사무실에서 마주친 50대 시간강사도, 곁에서 오랜 시간 지켜본 선배 강사 B도, 모두 존경스럽다.

'신종족'과 소통하는 것은 쉬운 일이 아니다. 나 역시 2013년의 언어를 2015년에 적용할 수 없고, 언젠가 도저히 소통 불가능하다 생각될 후속 세대와 마주하게 될 것이다. 강의 평가 주관식 문항에 예외 없이 등장했던 "젊은 교수님이라 우리를 많이 이해해주셔서 좋았어요" 하는 답안도 과거의 추억이 될 것이다. 그래서 지금 가능한 세대적 소통과 교감은 감사하지만, 그것을 당연함으로 여기지 않기로 했다. 나의 능

- 조석의 웹툰 〈마음의 소리〉에 등장한 유행어. "나는 차가운 도시 남자, 하지만 내 여자에겐 따뜻하겠지."식으로 맥락적인 활용이 중요하다.
- '웃기다'와 '슬프다'의 합성어로 웃기면서도 무언가 슬픈 복합적인 감정을 표현할 때 쓴다.

력이나 특별함이 아니라, 나의 젊음에 대한 학생들의 호감과 그로 인해 적절히 무화된 세대적 경계선에서 나온 것이기 때문이다. 젊음은 나의 노력으로 얻어진 것이 아니라 누구에게나 존재했던 것이고, 동시에 누구나 상실하는 것이다. 그 어떤 노교수에게도 지금의 나와 같은 젊음의 시기는 있었다. 모든 선배 선생님들을 향한 존경을 담아, 이 글을 쓴다. 그리고 겸허히, 곧 내게 다가올 신종족을 맞이할 준비 역시 해야겠다.

11

"여러분 마음속으로 제게 에프를 주세요"

학생들 앞에 부끄럼이 없도록, 진심 어린 사과하기

강의 첫 학기의 막바지에 이르러, 1교시 수업이 있던 어느 날, 잠에서 깨어 시계를 보니 오전 9시 정각이었다. 그러니까, 1교시의 시작과 동시에 나는 일어난 것이다. 꿈인가 싶어 잠시 멍하니 있다가 이내 정신이 들었다. 그러고는 몸이 먼저 움직였다. 세수를 하고, 면도를 하고, 옷을 걸쳐 입고, 가방을 챙겨 뛰어나갔다. 차에 올라 시동을 거니 9시 5분이었다. 아마 얼굴에 물만 요란하게 묻히고 닦고, 10초 만에 면도를 끝내고, 늘 입는 옷을 후다닥 입고, 강의 자료가 들어 있는 가방을 기계적으로 들고, 그렇게 나왔을 것이다. 그래도 9시 30

분에나 강의실에 도착할 수 있을 것이었다. 차에 올라 시동을 걸고 반장에게 "오늘 수업은 9시 30분에 시작할 테니 공지를 부탁해요" 하는 짧은 메시지를 남겼다.

차선을 이리저리 바꿔가며 급하게 차를 몰았다. 신호에 걸리면 백미러를 통해 옷매무새를 가다듬었다. 강의실에 앉아 나를 기다리고 있을 학생들을 생각하니 무척 죄스럽고 민망했다. 사실 늦잠을 잔 데에는 어떤 이유가 있었다. 가입한 지 얼마 되지 않은 운동 모임에서 그날의 운동이 끝난 후 신입 회원 축하 자리를 마련해주었고, 얼떨결에 따라가 늦게까지 술을 마셨다. 말하자면 '술' 때문이다. 1교시 강의 때문에 잠시 갈등했지만, 그들과 친해지고 싶은 마음이 더 컸던 터라 거절하지 못했다.

학교가 가까워올수록 대체 어떤 핑계를 대야 하나, 하는 고민이 깊어졌다. 오다가 자동차 사고가 났다고 하면 어떨까, 기름이 떨어져서 보험을 불렀다고 할까, 아니면 아무 일도 없었다는 듯이 출석을 부르고 수업을 시작할까, 참 오만 가지 생각이 났다. 그와 동시에 문득 깊은 부끄러움이 찾아왔다. 나는 사과를 할 생각보다는 변명거리를 먼저 찾고 있었다. 당장을 수습하는 데에는 도움이 되겠지만, 그 이후 강의실에서 당당하게 학생들과 마주할 수 있을지 생각해보니, 자신이 없었다. 그래서 그저 지금의 감정을 솔직히 이야기하고 용서를 구하자, 그러니까 '사과'를 하자, 고 마음먹었다.

  강의실의 문을 여니, 이미 오랜 시간 기다렸을 학생들이 호기심 어린 눈으로 나를 쳐다보았다. 교탁 앞에 선 나의 입에서 어떤 말이 나올지 다들 궁금해했다. 나는 우선, "지각했습니다. 정말 미안합니다" 하고 사과했다. 그리고 "여기 오는 동안 정말 많은 생각을 했어요. 어떤 핑계를 대야 할지요. 그런데 그냥 솔직하게 말할게요. 어제 늦게까지 술을 마셨어요. 그리고 늦잠을 잤습니다" 하고 말했다. 학생들은 일제히 웃음을 터뜨렸다. 뭐랄까, 평소에 그다지 갖춰 입고 다니지도 않지만, 뭔가 어수선한 행색을 보고 눈치를 이미 챘는지도 몰랐다. 나는 말을 이었다. "여러분께 성실함을 강요해놓고, 오히려 제가 지각을 했어요. 다시는 이런 일 없도록 하겠습니다. 정말 미안합니다. 오늘은 여러분 마음속으로 저에게 에프 학점을 주세요." 그렇게 말하고, 나는 학생들에게 고개를 숙였다.

  나로서는 무척 용기를 낸 행동이었는데, 이것이 어떤 화살로 돌아올지 알 수 없었기 때문이다. 강의 평점의 하락으로 다음 학기 강의 배정을 못 받을 수도 있을 테고, 다른 선배 강사나 지도 교수의 귀에 들어가 강의 배정에 불이익을 받을 수도 있을 것이다. 무엇보다도 학생들이 나를 어떤 인간으로 바라볼 것인가, 하는 문제가 가장 걸렸다. 그런데 곧 여기저기서 박수 소리가 들려왔다.

고개를 드니 모두가 잔잔하게 웃으며 박수를 치고 있었다. 여러 형태의 비난을, 차가운 시선을 각오하고 꺼낸 말이었는데, 의외의 반응에 무척 얼떨떨했다. 몇몇이 괜찮아요 교수님, 하고 말했고, 누군가는 고맙습니다 교수님, 하고 말했다. 갑자기 울컥, 눈물이 나려 했다. 그래서 "오늘 수업은 30분 늦은 만큼, 더 열심히 하겠습니다. 바로 시작하겠습니다" 하고 그날의 주제를 칠판에 적었다.

그동안 나는 사과를 할 때면 '그런데'라는 부사를 말미에 붙여 내 잘못된 행위를 정당화하고, 변호해왔다. 결국 "그게 사과야?" 하는 반응을 이끌어내고, "미안하다고 했으면 됐지 내가 뭘 더 어떻게 해야 해?" 하고 적반하장으로 맞받아쳤다. 지금까지 나는 '사과'를 한 것이 아니라, '변명'을 했고 '핑계'를 대온 것이다. 나의 잘못된 발화로 상처받았을 이들이 점점이 떠올라, 가슴이 아팠다. 사과를 하는 데에는 '미안합니다' 그리고 '다시는 이런 일이 없게 하겠습니다' 하는 두 마디면 충분한 것이다. 강의실에서 학생들을 마주하고서야 비로소, 온전히 사과하는 법에 대해 배웠다.

그러고 보면, 지금 시대에 '사과'라는 것은 참 흔한 행위가 되어버렸다. SNS에는 어느 연예인의 사과문이 항상 올라오고, 여러 정치인들이 대중매체를 통해 사과 담화를 발표한다. 그런데 역설적으로, 그들에게 '미안'과 '죄송'의 수사를 듣기란 좀처럼 힘든 일이다. 특히 "미안하게 생각합니다"라는 구절을 쉽게 볼 수 있는데, 이것은 참 비겁한 표현이다. "미안하다"라고 하면 될 것을, "―하게 생각한다"라고 해서 사과하는 주체를 모호하게 만들어버린다. 그러니까 자신을 행위의 주체가 아닌 제3자로 묘사해 뒤로 한발 물러서는 것이다. 그리고 왜 그럴 수밖에 없었는가 하는 자기 정당화의 과정을 반드시 거치고, 공익 또는 국익을 위한 결단이었다거나 하는 갖은 핑계를 더해, 당위성의 확보까지 스스로 이끌어낸다. 우리는 '사과의 시대'에 살고 있지만, 동시에 사과에 목말라 있다. 나 역시 '미안'과 '죄송'의 수사가 없는 자기 보호를 위한 사과만 해온 인간이었다.

지난 학기에도 모든 학생에게 사과한 일이 하나 있다. 학생들이 "강의실의 실태 조사"라는 제목으로 조별 발표를 수행했는데, 강의실에 보드마커가 제대로 구비되어 있지 않은 것을 문제로 지적했다. 강의실마다 몇 개의 보드마커가 대개 '굴러다니는'데, 가끔 없을 때도 있고, 거의 닳아 나오지 않는 경우도 있다. 나는 그중 상태가 좋은 것을 습관처럼 골라 사용해왔다. 그런데 어느 학생이 토론 시간에 손을 들고는 보드마커의 구비 여부는 강의실의 실태 조사에 적합한 항목이 아니다, 라고 했다. 흥미로운 이야기가 될 것 같아 계속 발언을 부탁했는데 그는 물의를 빚을 수 있는 내용이라 그만두겠다고 했다. 한 번 더 부탁하자 그는 잠시 생각하더니 작심한 듯 말을 이었다. "저는 강의를 위한 필기구를 지참하는 것은 교수로서 당연히 가져야 할 자세라고 생각합니다. 필기구도 없이 강의실에 들어오는 것은 옳은 자세가 아닌 것입니다." 그의 말이 끝나자, 여러 학생들이 내 눈치를 살폈다. 나는 지금껏 누군가 쓰던 펜이 있을 테니까, 하는 생각으로 강의실에 들어갔다. 한번은 보드마커가 없어서 반장에게 빈 강의실에서 하나 가져다주기를 부탁하기도 했다. 나는 부끄럽고, 한편으로는 당황스러웠지만, 옅은 미소를 띠고 그 학생을 바라보며 고개를 끄덕였다. 그리고 잠시 생각을 정리한 뒤, "고맙습니다" 하고 말했다.

    중고등학교 시절, 어떤 선생님들은 칠판 밑에 분필이 없으면 주번을 불러 화를 냈다. 하지만 내가 기억하는 좋은 선생님들은 속주머니에서 정갈한 분필 클립을 꺼냈고, 오래 닳아 쓰기 힘든 분필에 보조구까지 달아 판서를 시작했다. 돌이

커 보니, 그것은 참 보기 좋은 멋스러움이었다. 교수자로서 가르칠 필기구를 직접 준비하는 것은, 어찌 보면 너무나 당연한 자세다. 나는 그러한 자세의 당연함에 대해 간단히 말하고서는, "미안합니다. 보드마커는 단과대 사무실에서 얼마든지 제공해주고 있습니다. 다음 시간부터는 반드시 제일 좋은 보드마커를 구비해 들어오겠습니다. 다시는 이런 일이 없을 것입니다. M 학생께는 플러스 1점을 드리겠습니다"라고 했다. 그리고 농담 삼아 "지금 책상 위에 필기도구를 꺼내놓지 않은 학생들께는 에프를 드릴 거니까, 혹시 없으시면 빨리 꺼내세요" 했다. 모두가 긴장을 풀고 밝게 웃었고, 나는 그날의 수업을 마무리했다.

연구실로 돌아가는 길에 M을 따로 만나 감사를 전했다. 그가 바로 잡아주지 않았더라면, 나는 조금 더 오랫동안 같은 실수를 반복했을 것이다. 학점을 받아야 하는 입장에서 그러한 용기를 쉽게 낼 수 없었을 텐데, 무척 대견하기도 했다.

나는 이제 강의 전날에는 절대로 술을 입에 대지 않는다. 그리고 두 가지 색 이상의 보드마커를 항상 가방에 넣고 다닌다. '앞으로 잘 하겠다'는 약속을 지키기 위해서다. 같은 실수를 반복한다면 그것은 실수가 아니라 오로지 나의 태만함에서 비롯된 일이 된다. 물론 내가 완벽한 인간이 아닌 이상, 앞으로도 학생들에게 사과할 일은 계속해서 생겨날 것이다. 하지만 그때마다 겸허히 나의 잘못을 성찰하고, 진심으로 사과하고, 최선을 다해 고쳐나가려 한다. 그렇게 조금씩 어제보다 나은 인간으로 강의실에서, 연구실에서, 사회에서 존재할 수 있다면, 그리고 나의 제자들이 '죄송'과 '미안'의 수사로써 사과할 수 있는 존재로 함께 성장해준다면, 기쁜 일이다.

12

"아메리카노 나오셨습니다"

맥도날드에서 배운 인문학

맥도날드의 카운터 업무는 주로 나이 어린 크루들이 도맡아 한다. 나는 물류 하차 업무를 하고 있기에 카운터에 설 일은 거의 없다. 그들의 목소리는 매장 여기저기에 잘 울려 퍼진다. 주문 도와드리겠습니다, 네 빅맥 세트 하나 주문하셨습니다, 잠시만 기다려주세요, 빅맥 세트 나오셨습니다, 감사합니다. 카운터 크루들뿐 아니라 거의 모든 매니저들이 손님과 햄버거에 함께 존대를 한다. "빅맥 세트 나왔습니다"라고 하면 될 것을, 굳이 "빅맥 세트 나오셨습니다"라고 한다. 그러고 보면 우리는 맥도날드뿐 아니라 그 어떤 매장에서든 사람과 물건을 함께 높이는 데에 익숙해져 있다. 아메리카노도, 도넛도, 매장에서 취급하는 그 무엇도 존대의 대상이 된다.

아르바이트생들의 문법은 분명히 잘못된 것이다. 나는 국어학 전공 수업에서 그 문법의 오류를 이미 배웠다. 교수는 아르바이트를 할 때 절대 물건을 높이는 실수를 하지 말라고 가르쳤다. 그런 '무식한' 아르바이트생이 되어서는 안 된다고 했다. 나를 비롯한 학생들은 모두 웃었다. 그런데 책을 덮고 강의실 밖으로 나와 보니, 그 문법은 잘못된 것이 아니었다. 오히려 그렇게 사용하도록 권장되고 있었다. 카운터를 마주하며 손님은 '갑'이 되고 아르바이트생은 '을'이 된다. 나는 맥도날드에서 노동하기 이전까지 대개의 경우 갑의 공간에 존재하면서 어떤 냉소만을 보내왔다. 강의실의 문법을 적용하며 아르바이트생의 무식을 탓했고, 혹은 어떤 위화감조차 느끼지 못했다. 하지만 을의 공간에서 바라본 풍경은 많이 달랐다.

을의 공간은 사람을 무척 작아지게 만들었다. 어떤 말썽이 생기지 않게 하는 것이 최우선 과제였고, 그에 따라 손님에게 최상급의 존대를 해야 했다. 그런데 나 역시 언젠가부터 빅맥 세트 나오셨습니다, 하고 있었다. 그 잘못된 문법은 오히려 더욱 자연스럽게 갑에게 가서 닿았다. 그러고 보면 카운터 위에서 갑의 소유가 된 햄버거 역시, 내가 함부로 대할 수 있는 존재가 아니었다. 갑과 을 사이에 끼어 든 '갑의 소유물'은 어떻게든 을보다는 높은 자리를 점유했다. 그래서 빅맥 세트 나오셨습니다, 하고 외치며 갑의 소유물마저 높여주고 나는 그 아래로 자진해서 내려간다. '갑≥갑의 소유물>을'이라는 구도가 마련되는 것이다. 카운터 위의 햄버거를 높이는 문법의 오류는 역설적으로 최상급의 존대어를 만들어냈다. 강의실의 문법과 거리의 문법에는 이처럼 차이가 있었다.

지난해 우리 사회는 '갑질' 논란으로 뜨거웠다. 땅콩 회항이나 백화점 모녀 사건이 모두 '갑질'이라는 신조어로 요약되었다. 그런데 맥도날드의 노동자가 되고 나서야 비로소, 나 역시 갑질의 주체였음을 알았다. 나는 갑의 공간에서 을의 입장이 되어 사유해본 바가 없었다. 그들에게 잘못된 문법을 강요한 것은 누구인지, 지금의 시대는 대체 어떤 관념에 포위되어 있는지, 궁금해하지 않았다. 그렇게 내 안에 내재된 '갑'을 발견하게 해준 공간은, 강의실이 아닌 맥도날드였다.

강의실에서 나는 "아메리카노 나오셨습니다" 하고 칠판에 썼다. 그리고 학생들에게 그 문장에 대해 어떻게 생각하는지 물었다. 나 저거 알아, 하는 표정으로 여러 학생이 웃었다. 그리고 가장 먼저 손을 든 학생이 아메리카노를 높이는 잘못된 표현, 이라고 말했다. 나는 고개를 끄덕여 동의하고는 또 다른 해석은 없을까요, 하고 물었다. 한 학생이 장난 가득한 얼굴로 손을 들고는 스타벅스의 커피가 아르바이트생의 시급보다 비싸니까 당연히 존대를 해야 합니다, 하고 말했다. 이미 최저 시급의 풍자 소재로 인터넷에 흔하게 등장하는 해석임을 알고 있었지만, 나는 네 그렇죠, 하고 역시 고개를 끄덕였다. 더 기다려도 다른 새로운 해석이 나오지 않아서, 나는 아메리카노가 어떻게 인간을 제치고 갑의 위치에 서게 되는지, 그리고 우리를 포위한 갑질, 신자유주의가 얼마나 인간의 가치를 훼손하고 있는지에 대해 말했다. 특히 단 한 번이라도 잘못된 문법에 냉소를 보내거나 어떤 위화감을 느끼지 못했다면, 우리 역시 '땅콩'과 다를 바 없는 갑질의 주체일 것이라 덧붙였다.

나는 '강사'이고, 그래서 교재의 문법을 충실히 가르칠 의무가 있다. 하지만 거기서 멈추면 안 된다고 생각한다. 강의실의 문법이 거리에서도 의미를 가질 수 있게, 그것이 강의실에서 머물지 않고 바깥에서 더욱 넓어질 수 있게 해야 한다. 나는 아메리카노를 존대하는 노동자를 탓하는 대신, 어째서 그러한 시대의 문법이 구축되었는가에 대해 학생들과 함께 돌아보고 싶다. 저마다에 내재된 갑의 실체와 마주하도록 돕고, 누군가를 비판하기 이전에 자신을 성찰할 가능성을 제시해 주고 싶다. 갑질은 대기업, 재벌, 점주 등 어떤 특별한 권력을 가진 이들의 전유물로 흔히 인식되기 쉽지만, 우리는 여러 가면을, 저마다의 페르소나를 쓰고 하루에도 몇 번씩 갑과 을의 공간을 넘나든다. 그 움직임을 인식하는 것은 몹시 어려운 일이다. 자신의 좌표를 명확히 하지 못할 때 우리는 스스로가 혐오해 마지않았던, 갑질의 주체가 되기 쉽다. 학생들이 자신의 주변을 살피고, 자신을 성찰하고, 건강한 갑으로 사유할 수 있기를 바란다. 그렇게 "아메리카노 나왔습니다"가 거리의 문법으로도 자연스럽게 굳어질 수 있어야 한다.

지금 나에게 맥도날드는 하나의 생계 수단이자, 무엇보다도 성찰의 공간이다. 처음에는 강의와 육체노동을 병행할 수 있을까 싶어 망설이기도 했고, 실제로 많이 힘들었지만, 지금은 내 삶의 가장 좋은 선택 중 하나로 남았다. 그저 건강보험 보장을 위해 시작한 것치고는 너무나 많은 것을 배우고 있다. 물론 일은 고되고, 얼마 전에는 물류 차량에서 빵 더미를 내리다가 허리를 다쳐 며칠간 입원하기도 했다. 매장에서 학생들과 마주치는 일 역시 여전히 두렵다. 가르치는 학생들이 계단 길목에 앉아 있어서, 어쩔 수 없이 물류 엘리베이터를 타고 몰래 내려간 일도 있다. 노동이 부끄러웠다기보다는, 학생들이 어떻게 받아들일지 잘 상상이 되지 않았기 때문이다.

나는 지금의 삶과 계속 즐겁게 마주하려 한다. 앞서 말했듯, 이후에 어떤 삶을 살아가든 몸이 허락하는 만큼의 육체노동을 반드시 해 나갈 것이다. 나는 나약한 인간이어서 그렇게라도 하지 않으면 어렵게 배운 삶의 태도를 곧 잃어버릴 것만 같기 때문이다. 하지만 학생들에게 이 삶을 자랑스럽게, 누구나 성장을 위해 겪어야 할 '아픔'으로 권하고 싶지는 않다. 젊어서 아파봐야 성장할 수 있다는 닳은 소리를 하고 싶지 않다. 대신 내가 뒤늦게나마 배운 연구실과 거리의 인문학을 함께 전하고 싶다. 자신의 주변을 돌아본 학생들이 맥도날드의 인문학보다 더욱 나은, 저마다의 인문학을 마련할 수 있길 바란다. 그러면 갑의 자리에 섰을 때 단순히 을을 불쌍히 여기는 것을 넘어 그를 자신에게 초대할 수 있는, 그렇게 손을 내밀어 다정다감함을 나누어줄 수 있는 인간이 될 수 있을 것이다. 나 역시 그런 인간으로 살아가기 위해, 내일도 다시 맥도날드에 출근한다.

13

"교수님은 무척 행복해 보이세요"
나의 구원자, 학생들

좋은 강의를 한다는 것, 좋은 선생님이 된다는 것, 강단에 서는 누구나 간절히 바라는 일이다. 그 객관화의 지표가 되는 것이 '강의 평가'다. 학기 말에 이르러 학생들은 의무적으로 교수가 강의를 잘 했는가, 하는 내용을 몇 문항의 객관식과 주관식으로 평가하게 된다. 2점 아주 나쁨, 4점 나쁨, 6점 보통, 8점 좋음, 10점 아주 좋음, 하는 식이다. 물론 익명으로 이루어진다.

대부분의 강사들은 강의 평가 점수에 몹시 민감하다. 정 교수의 경우 강의 평점의 높낮음에 그다지 영향을 받지 않지만, 시간강사는 일정 점수 이하가 나오면 해당 학교에서 다시 강의를 할 수 없게 된다. 내가 몸담은 학교는 10점 만점에 8점 아래의 강의 평점을 받으면 해당 학기에 1회의 경고 조치를 하고, 다시 그러할 경우 퇴출한다. 결국 '자기 만족'의 범주를 넘어 '생존'의 문제인 것이다.

첫 강의를 시작한 나는 그러한 분위기를 물론 감지하고 있었지만, 앞선 글에서 밝혔듯 어떠한 각오를 가지고 있었다. 평균 이하의 강의 평점이 나올 경우 강의를 그만두는 것은 물론 아카데미의 모든 삶을 스스로 포기하겠다는 것이었다. 다소 가혹할 수는 있겠으나 '강의'와 '연구'는 그 어떤 우선순위 없이 함께해나가야만 한다. 어느 한편을 감당할 깜냥이 되지 않는다면 하루 바삐 그만두는 것이 나를, 가족을, 나와 관계 맺을 연구자와 학생을 위한 길이라고 생각했다.

선배 강사들은 내게 종종 이런저런 조언을 해주었고, 나는 스스로 마련한 여러 기준에 더해 그것을 충실히 따랐다. 그리고 L의 조언에 따라 학기초에 '면담'에 대한 공지 사항을 전달했다. 모든 학생은 3월 중으로 나와 면담해야 한다, 는 것이었다. 1학년 학생들이었기에 그저 그런가 보다, 하는 분위기였고 나는 그래야 하는가 보다, 했다. L은 강의 평가 항목에 "면담을 했는가" 하는 것이 있어서, 학기 초에 모든 학생과 면담을 하지 않으면 해당 항목의 점수가 크게 낮게 나올 것이라고 했다. 그러고 보니 '대학 국어'를 강의하는 선배들은 대부분 학생들과의 면담으로 학기 초에는 정신이 없었다. 나는 서른 명의 학생들 모두와 면담 약속을 잡았고, 3주차부터 공강 시간에는 항상 그들과 만났다.

개인 연구실이 없었기에 빈 강의실을 미리 물색해보고 자리를 옮겨 다니며 학생들과 만났다. 1차 과제인 자기소개서를 첨삭해주며 이런저런 이야기를 했다. 무슨 이야기를 할 수 있을까 걱정했는데, 그래도 학생들의 글을 보면 그가 어떠한 글쓰기를 하고 있는지가 한눈에 들어왔다. 종종 대학 생활의 고민을 이야기하는 학생들도 있었다. 어차피 나도 겪은 시행착오였기에 무언가 도움이 될 만한 조언을 해줄 수 있어서 다행이었다. 한 시간씩 넉넉히 면담 시간을 두었는데. 10분 만에 끝나기도 했고 드물게는 두 시간이 넘게 걸리기도 했다.

학생과의 면담은 어느덧 내게 가장 중요한 일이 되어 있었다. 월급이 더 나오는 일도 아니었건만, 공강 시간에는 항상 그들과 만났다. 한번은 지도 교수와 오후 2시에 약속이 있었는데 학생과의 면담이 길어졌다. 평소 같으면 그 어떤 약속이든 취소하고 지도 교수를 만나러 갔을 테지만, 나는 그러지 못했다. 지도 교수께 전화를 드려 약속 시간을 30분가량 늦추고 계속 면담을 진행했다. 내가 무슨 미친 짓을 하고 있는 건가 싶었지만, 이해해주실 거야, 하고 그저 믿었다. 내가 지금 눈앞의 학생이 두려운 만큼 내 지도 교수도 그러한 경험이 있었을 거라고, 미루어 짐작해버렸다.

  면담을 마치고 헐레벌떡 뛰어가 지도 교수를 뵈었다. 한없이 작은 선생님에서, 다시 한없이 작은 학생으로 돌아갔다. 그러고는 학생과의 면담이 길어졌는데 도저히 먼저 일어날 수가 없었습니다. 학생이 누구보다도 두려웠어요 선생님, 하고 말씀드렸다. 지도 교수가 그때 어떠한 반응을 보였는지는 잘 기억이 나지 않는다. 거기까지 살필 여유가 없었다. 이처럼 학과 교수에게 당돌함이나 맹랑함을 보인 바가, 아무리 기억해봐도 없다. 특히 지도 교수와의 약속은 절대적이다. 한 선배는 약속이 있어서 차를 몰고 서울로 가다가, 서울 톨게이트를 눈앞에 두고 지도 교수의 전화를 받았다. 학교에 있으면 잠깐 오라, 는 말에 선생님 제가 지금 밥을 먹으러 나왔는데 곧 들어갑니다, 하고 톨게이트를 지나 유턴해 다시 엄청난 속도로 내려왔다고 한다. 어떤 용건인지 중요하지도 궁금하지도 않았고, 그저 선생님께서 보자고 하시는데 제자 된 도리로 당연히 가야 하는 것이었다, 고 했다. 나는 그 일화를 듣고 질려버렸지만, 동시에 무척 존경스럽기도 했다. 그를 움직인 것은 다름 아닌 '제자 된 도리'였다. 단순히 두려웠기 때문이라면 그는 톨게이트를 유턴의 대상으로 삼지 않았을 것이다. 물론 이것은 미담이 되어서는 안 된다. '제자 된 도리'라는 것은 선배의 자기 위안이나 변명의 도구일 수도 있다. 하지만 두려움이나 강압으로만 이루어진 관계라면, 그러한 자발적 행위가 나오기 쉽지 않다. 그가 만약 불이익이 무서워서 갔다, 고 말했더라면 이것은 그저 가슴 아픈 해프닝에 불과했을 것이고, 나는 그에게 실망했을 것이다.

그런데 나는 유턴을 하지는 못할망정, 예정된 약속을 일방적으로 늦추어버렸다. 스승과 제자라는 관계를 떠나서, 예의에 어긋난 짓을 했다. 하지만 나는 다시 그때로 돌아간다고 해도, 아마 같은 선택을 할 것이다. 지도 교수보다 두려운 것은 역시 '학생'이다. 그것이 제자 된 도리이자, 동시에 선생 된 도리를 지키는 일이 될 것이다.

그런데 면담을 거듭하며 나는 무언가 위화감을 느꼈다. 그것은 쉽게 설명할 수 없는 어떠한 불편함이었다. 그러던 중, 어느 학생이 내게 이건 대체 왜 하는 건가요, 하고 물었다. 그는 시작부터 뭔가 불만에 찬 얼굴이었고 그다지 의욕이 없었다. 나는 딱히 답해줄 말이 없었다. 그러고 보니, 나 스스로 '면담'이라는 행위에 대한 깊은 고민이 없었다. 어떠한 비판 없이 선배의 조언을 수용한 것은 무책임한 행동이었다.

그러니까 그는, 싫었던 것이다. 나는 모든 학생에게 나와 '면담'할 것을 강요했고, 이것은 원하지 않는 누군가에게는 엄연한 폭력이었다. 모두가 원하고 있을 것이며 시간을 내주는 쪽은 나다, 라며 시혜적인 행위로 스스로 여기고 있었는지도 모른다. 어영부영 학생을 보내고 무척 부끄러웠다. 좋은 인문학 수업을 만들어가자고 다짐해놓고, 조별 과제 때를 비롯해 실수를 거듭하고 있었다. 가장 반인문학적 인간은 어쩌면 강사인 나 자신인지도 모른다.

예정된 면담을 4월 초까지 모두 마쳤다. 중단하고는 싶었으나 이미 공지한 내용이었고 막바지에 이르고 있기도 했다. 나는 그 이후의 학기부터는 희망자에 한해 신청을 받았다. 여전히 모든 학생을 대상으로 면담을 진행하는 선배 강사들도 있었지만, 나는 그러지 않기로 했다. 그 대신 중간고사 이전 한 주를 면담과 자율 학습 시간으로 두었다. 학생들이 수업에 집중하기 힘든 시기이기에 차라리 원하는 학생들과 자율적으로 면담을 진행하기로 한 것이다. 학생들의 만족도는 높았고, 나 역시 즐겁게 그들의 목소리를 들었다.

지금도 기억에 남는 즐거운 면담이 몇 있다. Y는 등산이 취미라고 했는데, 면담을 위해 강의실로 가다가 나는 그러면 우리 같이 등산이나 할까요, 하고 물었다. 그가 대학에 오고는 근처에 아는 산이 없어서 항상 아쉽다, 고 하기에 내가 자주 가는 동네 뒷산이 있어서 가볍게 그의 의향을 물었다. Y는 몹시 기뻐했고, 우리는 함께 왕복 한 시간 내외의 평탄한 산길을 걸으며 그의 대학원 진로에 대해 이야기했다.

B는 자신이 잘하는 게 하나도 없는 것 같다며 울먹울먹했다. 만날 때부터 눈이 약간 부어 있었다. 그런데 그는 가장 성실하게 수업을 듣는 학생이었다.

"보통은 이럴 때 힘내라는 말을 해주곤 하는데 사실 그건 너무 뻔하고 내게 가장 힘이 되었던 어느 선생님의 말을 네게 전해줄게. 내가 고등학교 때였는데 방송국에서도 온 무척 큰 행사가 있었어. 전교생이 모두 강당에 모였지. 그런데 어느 젊은 선생님께서 나중에 내게 그러시더라고, 수백 명의 학생이 모여 있는데 이상하게 그중에 너만 눈에 들어오더라, 반짝반짝하고 말야. 내가 무언가 눈에 띄는 행동을 했던 것도 아니었어, 그저 앉아 있었을 뿐이지. 그런데 나는 그때부터 내가 평범한 한 인간이면서 자아를 가진 무척 특별한 인간이기도 하구나, 하는 걸 알았어. B, 너에게 이 말을 해주는 건 강의실에서 가장 반짝반짝하는 게 바로 너이기 때문이야. 너는 내가 가장 먼저 이름을 외운 학생이야. 너는 특별하단다."

공치사가 아니라, 그것은 내 진심이었다. B는 눈이 조금 더 부은 채로 웃으며 돌아갔다. 지금도 가끔 자신의 근황을 전해 오는 감사한 제자다.

J는, 나를 여기까지 오게 해준 학생이다. 그다지 긴 시간 면담을 하지도 않았고, 그가 특별한 고민을 들고 온 것도 아니었다. 그래 뭔가 하고 싶은 말은 더 없니, 하고 묻자 그가 툭 던지듯이 했던 어느 한마디, 나는 그것을 붙잡고 남은 학기를 버텼고, 지금도 버티고 있다.

"교수님은 무척 행복해 보이세요."
"내가 행복해 보인다고? 왜지?"
"강의를 할 때 교수님처럼 행복해 보이는 사람은 없어요. 그래서 분반 친구들과 가끔 교수님의 이야기를 해요. 우리도 열심히 공부해서 후배들을 가르치면 좋겠다고, 그런대로 행복한 삶일 것 같다고요."

앞서 이야기했듯, 나는 강의에 대한 두려움이 있었고, 그래서 한 번 도망쳤고, 내가 잘하고 있는지 항상 불안했다. 그런데 J는 내게 '행복해 보인다'고 했다. 그래서 나는,

'구원받은' 느낌이었다.

J를 보내고 나는 한참을 빈 강의실에 홀로 앉아 있었다. 박사과정생 시절에 학회에서 첫 논문을 발표했을 때, 처음 보는 연구자가 내게 와서 연구 정말 열심히 하셨네요 덕분에 저도 연구의 방향성을 잡았습니다 고맙습니다, 라고 했고 나는 그 말을 붙잡고 '연구'를 계속할 수 있었다. 그런데 그때보다 더욱, 나는 행복했다. 연구실에서도 강의실에서도 어떻게든 스스로 당당하게 살아갈 수 있겠구나, 싶어서, 정말로 행복했다. "강의하지 않겠습니다" 하고 강의실에서 도망쳐 나온 한 나약한 인간은 이렇게 학생들로부터 구원받았다.

첫 학기를 마무리하고는 초조한 마음으로 강의 평가 결과를 기다렸다. 학생들이 나를 어떻게 평가했을까, 다음 학기에

도 임용될 수 있을까, 발표를 앞두고 하루에도 몇 번씩 이메일을 확인했다. 그저 학교 평균 이상의 점수만 나와주기를 기도했다. 그러던 어느 날, 그 학기의 우수 강사로 선정되었다는 문자를 받았다. 나는 그때 집에 있었는데, 침대로 달려가 이불로 입을 막고 소리를 질렀다. 여러 감정이 교차했지만, 무엇보다 계속 강의해도 나에게 부끄럽지 않을 나름의 근거를 만든 것이 너무나 기뻤다. 다음 학기에도 강의실에 설 수 있을 것이다. 그리고 대학의 노동자이자 사회의 일원으로서 어떻게든 존재할 수 있을 것이다.

나는 지방시의 두 번째 이야기를 쓸 계획이 없었다. 그저 첫 번째 이야기를 마무리하고 평범한 시간강사로 다시 살아가고자 했다. 그런데 이렇게 굳이 두 번째 이야기를 쓴 것은, 지금의 감정을 잊지 않기 위함이다. 학생들은 나를 구원해주었다. 그리고 나에게 사유와 성찰의 기회를 마련해주었다. 그것이 언젠가 젊은 날의 추억이나 감상이 되지 않기를, 계속해서 내 삶의 실재가 되기를 바란다. 내가 언제까지 어떠한 방식으로 대학에 남아 있을지는 기약할 수 없다. 하지만 그렇게 지방시의 이야기가 계속될 수 있기를 간절히 소망한다.

14

"후회하지 않으시나요?"
'헬조선'에서 꿈꾼다는 것

    강의를 마치고 나면 주섬주섬 뒷정리를 한다. 칠판을 지우고, 컴퓨터를 끄고, 출석부와 펜을 가방에 집어넣고, 마지막 시간이라면 에어컨이나 형광등도 끈다. 그러다 보면 종종 돌아가지 않고 저 할 말 있어요, 하는 표정으로 나를 바라보는 학생들이 몇 있다. 그들은 대개 글쓰기 첨삭이나 진로 상담을 부탁해 온다. 그렇게 일주일에 적으면 한 건, 많으면 다섯 건에 가까운 면담을 진행한다.

    면담이 강제된 것은 아니고 그렇다고 해서 학생들에게 커피 한 잔 사줄 만한 급여가 더 나오는 것도 아니다. 개인 연구실이 없기에 빈 강의실을 찾아 학생과 함께 강의동을 오르락내리락하는 일도 다반사다. 하지만 강의를 시작한 이상 면담은 '필수 옵션'이 된다. 학생들이 학기 말에 이르러 의무적으로 참여하는 강의 평가 항목에는 "면담 시간과 공간이 공지되었고, 원할 때 면담을 받을 수 있었습니까" 하는 것이 있다. 강의 평가에서 일정 점수 이하를 받으면 해당 학교에서의 강사 자격이 박탈된다. 물론 그러한 압박이 아니더라도 학생들과의 면담을 거절할 교수자는 없겠으나, 이 역시 시간강사에게는 선택이 아니라 생존의 문제인 것이다.

담당하고 있는 강의의 학생들뿐 아니라, 지난 학기의 학생들이 연락해 오는 일도 많다. 주로 취업과 진학을 위한 자기소개서를 들고 찾아온다. 취업 시즌에는 자기소개서 첨삭만 몇 건씩 한다. 가끔은 마감이 얼마 남지 않은 자기소개서를 들고 주말에 집 앞까지 찾아오는 학생들도 있다. 그러면 근처 카페에서 커피를 한 잔 사주며 첨삭에 반나절 가까운 시간을 보낸다. 그래도 그러한 요청이 번거롭거나 무례하다기보다는, 그저 감사하다. 종강하는 날 나는 언제나 "인생에서 글쓰기가 간절히 필요한 어느 날이 생기면 제가 돕겠습니다" 하고 말하며 핸드폰 번호를 공개해왔다. 한 학기 강의로 만난 인연일 뿐이지만, 누군가는 오지랖이라고 비난할지 모르지만, 그렇게 하고 싶었다. 그들이 조금 더 나은 자기소개서를 완성해 자신의 꿈에 한발 더 다가갈 수 있길 바란다.

어느 가을에는 전공 선택을 앞둔 학생 L과 면담을 했다. 그는 문과 대학생이었는데 늘 생긋생긋 웃으며 성실하게 수업을 들었다. 의미 있는 질문도 자주 했고 가장 어려운 주제를 선택해 좋은 발표를 하기도 했다. 그래서 그가 나의 후배가 되면 좋겠다는 막연한 기대를 가지고 있었다.

그런데 그는 나를 만나 뜻밖의 고민을 털어놓았다. 요컨대, 인문학을 전공하기가 두렵다는 것이었다. 부모님께서는 실업자가 되기에 알맞은 선택이니 아예 다른 학부로 전과하기를 권유했다는데, 자신의 생각도 다르지 않다고 했다. 그나마 교직 과정이 있는 학과로 진학하면 좀 낫지 않을까요, 하고 나의 의견을 물었다. 그가 원하는 전공에는 교직 과정이 개설되어 있지 않았다. 나는 그에게 네가 관심이 있는 학문을 선택하렴, 하고 말해주고 싶었지만 그것이 얼마나 무책임한 말이 될까 싶어 그만두었다. L은 문학을 좋아한다고 했다. 그러면 문학을 전공하면 어떠니, 하고 말하려다가 그것은 더욱 무책임한 말이 될 것이 분명해 역시 그만두었다.

L과의 면담은 한 시간 가까이 진행되었다. 당연하지만, 어

떤 결론이 나올 수 없었다. 인문학, 실업자, 전과, 교직 과정, 이러한 단어들이 의미 없이 계속 흩뿌려졌다. 나는 주로 이야기를 듣는 쪽이었고, 교원 자격증을 따기 위해 대학에 온 건 아니잖니, 고작 이런 말을 열없이, 하곤 했다. 그러던 중 L이 나를 정면으로 응시하며 물었다.

"교수님은 지금 행복하신가요? 후회하지 않으시나요?"

스무 살 학생의 질문이지만, 나는 여기에 어떠한 가식이나 자기 검열 없이 성실하게 답해주어야 한다고 생각했다. 그의 질문에는 그만한 무게가 담겨 있었다. 마음의 깊은 어딘가를 쿡, 하고 찌르는 것 같기도 했다. 그러고 보니 후회라면 어제도 했고, 그제도 했다. 면담을 진행하는 중에도 했는지 모른다. 쉽게 답을 할 수가 없었다.

"나는…… 후회한단다."

얼마간 시간이 흐른 후, 어렵게 입을 열었다. L이 어떤 표정으로 나를 바라보았는가는, 잘 기억이 나지 않는다. 나는 다시 말을 이었다.

"하지만 시간을 돌이켜 스무 살의 나에게 어느 길을 걷겠니, 하고 다시 묻는다면, 역시 죽을 만큼 고민할 거야. 지금 행복하냐고 물으면, 나는 자신 있게 대답할 수가 없어……. 그런데 적어도 나에게 부끄러운 선택을 하지는 않았단다. 그래서……"

나는 잠시 감정을 추스르고, 남은 한마디를 하려 했다. "적어도 자신에게 부끄러운 선택을 하지 않으면……" 하고 말을 이으려는데 L이

"그러면 버틸 수 있다는 거군요"

하고 말했다. 그러고는 환하게 웃었다. 그렇게까지 말하려는 건 아니었는데, 그가 답을 내주었다. 나는 어제 후회했고, 오늘 후회하고, 내일도 후회할 테지만, 그래도 어떻게든 버티고 있는 건 내 스스로 부끄럽지 않은 선택을 했기 때문, 인가 보다. L은 그 말을 끝으로 고맙습니다, 하며 자리에서 일어났다. 나는 그에게 네가 어떤 선택을 하든 모두가 너의 결정을 존중할 거야, 스스로 많이 고민하고 선택하렴, 하고 함께 일어섰다.

인문학은 '행복'보다는 '후회'와 어울리는 학문일 것이다. 내가 전공을 선택하던 스무 살 무렵에도 인문학은 배고픈 학문이었고 '인문학 위기론'이 있었다. 그때도 경영대학으로 전과하는 문과대학의 동기들이 많았고, 그렇지 않더라도 그나마 취업이 잘되는 전공으로 모두가 몰렸다. 그들이라고 해서 문학을, 역사를, 철학을 포기하고 싶지 않았을 것이다. 하지만, L도 그렇지만, 역설적으로 행복하기 위해서, 후회하지 않기 위해서 인문학과 결별하는 것이다. 어린 학생들에게 너희의 '꿈'이 있잖니, 하고 싶은 것을 하렴, 하고 말하기에는 이 시대가 너무나 가혹하다.

이번 학기에는 학생들에게 '유언장 쓰기'라는 A4 용지 한 쪽 분량의 글쓰기 과제를 내주었다. 황당하다는 무언의 반응들이 있었지만, 나는 이것이 자기 성찰을 위한 좋은 글쓰기가 될 것으로 믿는다. 내가 대학 시절 가장 즐겁게 했던 글쓰기 과제이기도 한데, 그때 쓴 글은 삶의 작은 지침이 되어주었다. 실제로 과제를 제출하며 자신의 삶을 돌아보게 되었다거나 가족이나 연인 등 주변을 소중히 하게 되었다는 말을 전하는 학생들이 많다.

그런데 글을 첨삭하다가, 어떤 문장과 맞닥뜨렸다.

"인간이 환생을 할 수 있다면 다음 생에는 공부가 아닌 내가 정말로 좋아하는 것을 찾아 할 수 있는 인생을 한번 살아보고 싶다."

나는 잠시 '좋아하는 게 있으면 젊으니까 한번 해보면 되잖아' 하고 생각하다가, 몹시 부끄러워졌다. 내가 그토록 혐오하던 '아프니까 청춘이다'와 뭐가 다른가 싶었다. 그러고 보면 꿈꾸기조차 쉽게 용납되지 않는 시대다. 나는 힐링을 내세운 많은 '꿈 전도사'들이 사실은 젊은 세대에게 끊임없이 실체 없는 '노오력'을 강조해왔음을 잘 안다. 그 과정에서 기성세대는 스스로를 '노오력한 자'로 규정 짓는 동시에 청년들을 '노오력하지 않는 자'로 격하했다. 이것은 오로지 기성세대를 위한 힐링이며 청년을 향한 채찍질이었다.

청년들에게 '좋아하는 일'은 다시 태어나야 한 번쯤 선택해볼 만한 일이 되었다. 젊은 세대들은 미리 쓰는 유언장에서조차 자신의 꿈을 고이 접어두고 만다. 인생을 두 번 선택할 수 없는 이상 당연히 '해야 하는 일'을 해야 하는, 꿈꾸는 것이 꿈이 되어버린 시대, 그래서 지금은 '헬조선'이 된다. 신자유주의가 가속화된 이 사회의 단면을 그대로 드러내는 신조어다.

그래도 여전히 꿈꾸고 싶어 하는 학생들이 있다. 꿈과 현실 사이에서 치열하게 고민할 것이고, 스스로 답을 낼 것이다. 누군가는 현실을 선택한 그들을 비난할지 모르지만, 괜찮다. 꿈은 버리거나 짓밟는 것이 아니라, 언제든 다시 손을 내밀어 잡을 수 있도록, 이전보다 조금 멀게 곁에 두는 것이다. '헬조선'에서도 누구나 그렇게 꿈을 꾼다.

L은 고민 끝에 교직 과정이 있는 인문학 전공을 선택했다고, 연락이 왔다. 나는 그가 행복하기를 바란다. 그리고 내일은 오늘보다 조금 '덜' 후회할 수 있기를 바란다. 스무 살 그의 미래에 건투를 빈다. 면담을 통해 계속 대면하게 될 또 다른 L에게도, 모든 청춘에게도, 부디 건투를 빈다.

그리고 나에게도 부디 건투를, 빈다.

에필로그

그 어디에도 지방시는 있다

연재하는 동안 '지방시' 맞으시죠, 하는 질문을 많이 받았다. 혹시 지방시 필자가 맞다면 어느 토론회에 패널로 참석해달라는 요청도 들어왔다. 하지만 나는 대개의 경우 긍정도 부정도 하지 않은 채, 전국에는 몇만 명의 지방시가 있고 저도 그중 하나입니다, 하는 것으로 답을 대신했다. 나 홀로 박복한 청춘을 보냈다고 생각하지 않기 때문이다. 대학뿐 아니라 우리 사회 그 어디에도 지방시는 있다. 이것은 '헬조선'이나 '갑질'이라는 신조어의 탄생과도 무관하지 않다. 나 역시 그러한 시대를 살아가는 평범한 청춘일 뿐이다. 그래서 누가 지방시인지 가려내 무대 위로 끌어내는 것은 의미가 없다. 그것이 어떤 변화를 추동할 수 없으며, 우리 모두가 지방시이기 때문이다. 나는 계속 평범한 지방대 시간강사로서, 하지만 조금은 달라진 마음가짐으로 계속 연구하고, 강의하며, 아카데미의 삶을 살아갈 것이다.

지방시를 쓰는 동안, 어떤 자격론이 계속해서 나를 따라다녔다. 지방대 출신이면 그만한 처우에 만족하고 강의할 수 있음에 감사하라, 는 것이다. 지방대 출신임을 고백한 순간부터 이미 각오하고 있던 바다. '지잡대'는 이미 지방대를 대신하는 새로운 용어로 자리 잡았다. 모두가 알다시피, 지방대는 좌절과 자기 검열, 무력감의 재생산이 일상화된 공간이다. 그만큼 우리는 임의의 선을 긋고 그 아래를 모두 '잉여'나 '루저'로 규정해내는 데에 이미 익숙하다. 나는 굳이 출신 대학의 명칭이나 수준을 직접 명시하지 않았는데, 그것은 물론 신분이 노출될까, 하는 나의 두려움 때문이다. 하지만 우회적으로라도 어느 수준의 대학임을 드러내는 순간, 그것은 곧 하위 범주의 모든 대학을 나 스스로 "지잡 아래의 지잡"으로 두는 것이 된다. 그러한 틀에 묶이고 싶지 않았다.

단순히 '명문'과 '지잡'의 분류를 넘어, 우리 사회는 자본, 세대, 지역 등으로 자격의 범위를 넓혀가고 있다. 밀려난 이들은 자신을 스스로 루저로 규정하는 동시에 자신의 밑으로 새로운 선을 긋는다. 이 과정에서 사람은 갑과 을로, 다시 병으로, 정으로, 무한히 수직적으로 분류된다. 우리 사회의 '갑질'은 여기에서부터 시작된다. 그러나 자격을 정할 자격은 오로지 자기 자신에게 있다. 내가 지방시를 쓰며 가장 많이 사용한 두 개의 단어는 아마도 '스스로'와 '성찰'일 것이다. 특히 후반부에 이르러 그렇다. 글을 퇴고하다 보면 두 단어의 사용 빈도가 너무 높아 몇 개를 지워내기도 했다. 하지만 그래도 여전히 많다.

'스스로'와 '성찰', 이 두 단어를 곁에 두게 된 것은 학생들 덕분이다. 나는 그저 흔한 인문학 교양 수업 하나를 담당하고 있을 뿐이지만, 그들의 인문학에는 늘 감명받는다. 학생들은 내가 약간의 가능성을 열어주는 것만으로도 나와는 다른 시각의 훌륭한 인문학을 생산해냈다. 그래서 강의실은 교수 혼자 가르치는 공간이 아닌, 서로가 가르치고 배우는 집단지성의 실험실이 된다. 교학상장, 가르침과 배움은 서로 성장한다는 말을 언제나 실감한다. 학생들은 언제나 나에게 '갑'이 되고, '지도 교수'이자 '구원자'가 된다. 강의실은 갑도 을도 없는, 위계가 없는 공간, 말하자면 '갑갑한 공간'이 되어야 한다. 그렇게 나와 제자들이 스스로를 성찰하고, 우리를 포위한 시대의 분류법에서 비로소 자유로워질 수 있길 소망한다.

  삶의 가치 판단을 할 자격은, 그리고 자격을 정할 자격은 온전히 자기 자신에게 있다. 행복을 정할 자격 역시 자기 자신에게 있다. 그 누구도 타인의 삶을 멋대로 평가할 수 없고, 그것은 이미 모두가 혐오해 마지않는 '갑질'이 될 뿐이다. 누군가는 내게 '교수'가 되기 위해 '지방시'의 시간을 견디고 있는 것 아닌가 묻는다. 그러니 본인이 그러한 삶을 선택했다고도 말한다. 물론, 그런 생각을 하지 않은 것은 아니다. 언젠가 운 좋게 교수가 되면 모든 삶을 보상받을 수 있을 것이라 잠시 상상하기도 했다. 그러나 그것은 오히려 나의 하루하루를 갉아먹었고, 나의 현재를 그 무엇도 아닌 것으로 격하해버렸다. 간신히 빠져나와 주위를 둘러보니, 오로지 교수가 되기 위해 존재하는 이들은 별로 없었다. 다만 강의실에서든 연구실에서든 노동자로 존재하기 위해 모두 사투를 벌이고 있었다. 그러니까, 자신이 정한 자신의 가치를 스스로 지켜나가기 위해 노력하고 있었다. 자격을 정하는 데에는 그만한 책임이 따르는 것이다.

  물론 내가 지방대 출신의 강사가 아니었더라면, 조금은 더 많은 사람들이 대학의 현실과 그 구성원의 삶에 공감했을

지 모른다. 나는 평범하거나, 혹은 그 이하의 인간이다. 투고한 논문들의 인용 지수가 그다지 높은 편도 아니다. 내가 도저히 따라잡을 수 없는 훌륭한 논문을 쓰는 좋은 대학의 연구자들이 너무나 많다. 이런 연구를 어떻게 했지, 하고 감탄하거나 나는 언제쯤 이렇게 쓸 수 있을까, 하고 패배감을 느끼는 것이 나의 일상이다. 하지만 여전히 연구실에 앉아 읽고, 쓰고, 다시 읽고, 쓴다. 나는 성골, 엘리트, 천재, 그런 뛰어난 인간은 못 되지마는 지금까지 버티어냈다. 평범한 연구자로서 연구실과 강의실에서 스스로 당당하다면 그것으로 내일도 버틸 수 있을 것이다. 그렇게 나는 내 삶의 자격을 증명해 나가려 한다.

지방시 이전과 이후의 내 삶은 달라지지 않는다. 나는 여전히 이 사회의 무수한 지방시 중 하나일 뿐이다. 많은 '선'들이 나를, 그리고 우리를 가로막고 있다. 하지만, 내 주변의 누구도 원망하지 않고 따뜻하게 대하며, 이전보다 조금 더 열심히 강의하고 연구하려 한다. 그리고 강의실에서만큼은 그러한 선들을 잘라내는 작업을 지속하고 싶다. 그렇게 '갑'이 된 학생들이 강의실 밖으로 나가 모든 타인을 갑으로 존중하고, 자기 자신의 가치를 지켜나가며, 그러한 사유로서 시대와 마주할 수 있길 바란다. 그러면 모두의 의식에 내면화된 어떤

'괴물'이 균열을 보일 때, 함께 싸워나갈 수 있을 것이다. 그래서 동료 연구자들의 삶이 조금이나마 나아지기를, 후속 세대가 좀 더 나은 환경에서 공부할 수 있기를, 그리고 모든 청춘이 더 이상 아픔이나 노력을 강요받지 않기를 간절히 바란다. 각자의 자리에서 또 다른 지방시로 묵묵히 아픔을 감내하고 있을 모든 청춘들을 위해, 이 글을 바친다. 마지막으로,

"아파도 되는 청춘은 없으니까, 모두 아프지 않기를, 그리고 이처럼 아팠음을 모두 기억하고 바꾸어나갈 수 있기를."

나는 지방대 시간강사다

1판 1쇄 발행 2015년 10월 30일
개정판 1판 1쇄 발행 2024년 7월 28일

지은이 김민섭
펴낸이 김민섭
편집자 이유나
펴낸곳 도서출판 정미소

출판등록 2018.11.6. 제2018-000297호
주소 서울특별시 마포구 성산동 218번지 402호
이메일 xmasnight@daum.net

ISBN 979-11-985182-2-4 03810